CHEMINS

Axel Kahn, médecin et généticien, est également un essayiste renommé. Il préside depuis juin 2019 la Ligue nationale contre le cancer.

Paru au Livre de Poche :

ENTRE DEUX MERS

ÊTRE HUMAIN, PLEINEMENT

JEAN, UN HOMME HORS DU TEMPS

PENSÉES EN CHEMIN

AXEL KAHN

Chemins

STOCK

ISBN : 978-2-253-25776-9 – 1re publication LGF

Toute ma vie, j'ai marché. Chemin faisant, j'ai pensé. Pensé au chemin parcouru, à celui qu'il me fallait emprunter, chemins de terre, chemin de vie. Impossible de les distinguer vraiment tant ils s'entrecroisent, je suis un homme qui marche.

Jeune enfant déjà, je ne connaissais guère d'autre moyen de me déplacer dans la campagne de ma Touraine natale, aux confins du Berry. Je n'avais pas de bicyclette, ma nourrice très pauvre ne possédait ni voiture ni carriole, juste une poussette pour moi petit. Alors, dès que j'ai su, j'ai gambadé, j'ai trottiné, de ma maison à celle de Charlotte, la fermière. Avec elle et Raymond, son fils, au côté des attelages d'ânes qui grimpaient sur le plateau calcaire pour les travaux des champs. Le samedi et le dimanche, j'accompagnais « maman-nounou » jusqu'au village voisin où elle était invitée, parfois pour la noce. En trottinant. À l'époque, les automobiles étaient rares sur les routes de ce coin reculé de France, les chemins pouvaient les croiser sans risque pour un petit bonhomme de 3-4 ans, on me laissait m'y aventurer seul. J'y étais bien, déjà. Du moins, je crois me le rappeler. Les souvenirs en sont flous, tremblants, brumeux, incertains. Ils existent, cependant, ce sont les premiers auxquels je puis me référer. Ils mêlent de façon indistincte les pierres, la terre, les couleurs et les odeurs, les bruits de la ferme et l'amour de maman-nounou. Le brouillard de ma mémoire se dissipe un peu lorsque j'évoque des temps moins lointains, mais le spectacle qu'elle révèle reste le même, enchevêtrement de pas et de rencontres, de paysages et de désirs, atmosphère combinée de lieux et de gens. Mon axe de vie est symbolisé en moi par celui qui relie ma tête, mon cœur et mes pieds. C'est ainsi que j'ai vécu.

Premier arrachement

Cette belle journée de la fin de l'été 1949 n'est pas comme les autres, on me l'a dit mais je ne sais trop ce qui va se passer. Ou bien si, je le sais mais ne parviens pas à comprendre ce dont il s'agit. « Tes parents viennent te chercher demain », m'a dit maman-nounou. Mes parents, je les connais bien, quand même. Je les vois deux fois l'an, pour les vacances. Ils arrivent au Petit-Pressigny[1] avec mes deux aînés, Jean-François et Olivier, ils sont gentils, se mettent en quatre pour me faire plaisir, jouer avec moi. Un peu comme les grands enfants de ma nourrice, ou bien Carmen, ma marraine. Et puis ils repartent, ma vie reprend son cours normal. D'après l'air triste de maman-nounou, de Charlotte, de mon parrain Michel, de sa sœur Pierrette et des autres, ce n'est pas de cela qu'il s'agira, demain. Aujourd'hui je vaque, habité d'un sentiment d'impermanence qui me dérange. Je vais avoir 5 ans, le Petit-Pressigny est

1. Le Petit-Pressigny est un village de quelques centaines d'habitants de la Touraine du Sud, non loin de Loches, et à une quinzaine de kilomètres du Berry. J'y suis né le 5 septembre 1944.

mon univers depuis ma naissance, il me suffit, je n'aspire pas à en connaître un autre. Je me suis presque comme chaque jour rendu chez Charlotte, ce matin, une sente à flanc de colline réunit sa ferme et ma maison. Elle m'envoie chercher les œufs de canes et de poules pondus dans la nuit. Elle m'en gardera un, de cane, ceux que je préfère, ma nourrice me le préparera à la coque. Je furète ensuite dans l'écurie. La mule y est, les ânes ont été attelés ce matin par Raymond, ils travaillent. Je descends maintenant la petite route de terre jusqu'au bourg. Je vais faire une bise à ma marraine Carmen, au lavoir, puis entre en face chez Mme Fréron, l'épicière, qui a toujours des bonbons pour moi. C'est une grande amie de maman, elle m'aime bien. Son mari coupe les cheveux des gamins, dans la pièce à côté. C'est bientôt la rentrée des classes, on y prépare les futurs petits élèves. Je pousse ensuite plus loin, passe devant la boulangerie, le pain chaud embaume. Il y a déjà des clientes chez le boucher au verbe haut. C'est maintenant, après l'église, la rivière, l'Aigronne, elle me fascine. Un jour, Olivier, âgé de 4 ans, m'y a jeté sous le prétexte que je le gênais pour pêcher. Je ne me le rappelle pas bien car, de deux ans son cadet, j'étais trop petit mais on me l'a tant conté ! Je descends jusqu'au chemin au bord de l'eau et m'assois sur la deuxième des trois marches qui y mènent, là où s'est produit l'attentat fraternel. J'aime observer les petits poissons, des vairons en bancs, qui décrivent ici des cercles, parfois dérangés par le passage d'une truite. Les têtards pullulent, ce matin, la métamorphose est proche. De chaque côté de leurs petits corps noirs les pattes des futures grenouilles sont déjà bien formées. On m'a expliqué tout cela, et aussi les nuages et le vent, le soleil et la pluie, les serpents et les coucous… la vie, en somme, la seule que je connaisse. Je ne saurais vivre loin de tout cela. Pourtant, quelque chose se prépare. Je cours presque pour revenir à la ferme avant le retour de Raymond et des ânes, j'aime assister à la cérémonie du déharnachement. Charlotte a préparé à déjeuner pour son fils et elle, ça sent bon, j'ai faim. Je reste souvent déjeuner avec eux, mais maman-nounou m'a bien recommandé de rentrer à la maison, ce midi-là. Ah oui, ce n'est pas un jour ordinaire. La faim me quitte un peu, je chipote. J'ai du mal à m'endormir pour la sieste, je suis debout presque aussitôt que couché. « On vient te chercher demain, range tes affaires. » « Range tes affaires ! », ça, je le comprends bien. J'ai peu de joujoux, ou du moins tout m'en est un, à l'occasion. Un cercle de barrique m'est cerceau, je le pousse avec un mauvais bout de bois ramassé sur le chemin. Deux planches posées en croix, un couvercle de lessiveuse à leur intersection, moi à califourchon devant, je pilote mon avion. Un bout de ficelle pendouille au bout de ma ligne, il n'y a pas d'hameçon, ça fait quand même l'affaire. Ça ne se range pas, ces jouets-là. Reste mon tas de sable. Il est posé sur le devant du jardin en terrasse de la maison, il domine le bourg. Un petit seau, un râteau et une pelle de plage, en ferraille, je crois, y traînent, le sable s'étale. Je le ramasse consciencieusement, pelletée après pelletée, et reforme un beau tas tout arrondi. Je dépose mes instruments dans la petite caisse en bois à côté du tas. Voilà, j'ai fini. Il y a si peu à ranger, en réalité, ou alors il me faudrait bouleverser tout le paysage, le vrai cadre de mes jeux. Ma nourrice me prend par la main, son plus jeune fils Michel nous accompagne. « Allons promener, Axel, veux-tu ? » Je vois ses yeux briller, comme si elle était au bord des larmes. Je le saurai plus tard, elle a pleuré, elle pleure encore. Nous voilà partis. Vers le bourg, d'abord, puis derrière le lavoir, nous longeons la maison de Carmen où, m'a-t-on dit, je suis né. Elle se joint à nous, sans sa gaieté habituelle. Un petit chemin creux bordé d'arbres remonte vers le coteau, nous le suivons dans un silence singulier. Un hérisson traverse juste devant nous, je me demande s'il est de la famille de celui, presque apprivoisé, qui a élu domicile dans la haie de notre jardin. Elles sont piquantes mais gentilles, ces bêtes, j'ai pour elles une sorte d'affection. Je cours seul, un peu, veux jouer à cache-cache mais je vois que, chez les grands, le cœur n'y est pas. Ils se forcent, je le sens bien. Au croisement avec la petite route, nous redescendons, maman-nounou, Michel et moi, vers notre maison. On me lave dans une bassine, puis je dessine, gribouille plutôt, sur un coin de la table pendant que ma nourrice cuisine. Dîner sans entrain, coucher rapide. Je m'endors cette fois comme une masse.

Nous sommes encore en été, le coq chante tôt. Rassuré, je poursuis mon sommeil. Les rares fois où ma nourrice m'a amené dormir dans la maison isolée de l'une de ses filles, à Bossay-sur-Claise, un village voisin, l'absence inquiétante du cocorico habituel m'a éveillé. L'inquiétude est pourtant là en ce nouveau matin, celui où mes parents doivent venir, je me lève quand même tôt. Maman-nounou est déjà debout, mon petit déjeuner m'attend, une bouillie au chocolat et des tartines. Elle me frotte le museau bien vite et m'annonce que nous allons ce matin faire des visites aux gens que je connais bien, la famille de Carmen, les Fréron, Charlotte, bien entendu. Je suis habillé comme pour un mariage, l'étrangeté de cette journée se confirme. Maman et papa arrivent à l'heure du repas, qu'ils prennent à la maison. On parle de choses et d'autres, comme gênés. Maman-nounou ne dit presque rien, elle me semble triste. Le repas terminé, elle apporte une petite valise ; ce sont mes effets. « Axel, il faut qu'on y aille, maintenant, dit maman. Le car de l'après-midi part bientôt, tu vas ce soir être avec tes frères. » Je ne comprends pas encore : Jean-François et Olivier vont-ils arriver avec le car, allons-nous les accueillir ? Nous sommes maintenant sur le pas de la porte, le village à nos pieds, maman-nounou pleure et ne peut s'en cacher. Michel s'approche, la console. Papa et maman l'embrassent, se saisissent de la valise et m'entraînent. Ça y est, j'ai compris, on m'enlève, on m'emmène. Je me dégage et cours vers maman-nounou, saisis sa longue jupe, m'y accroche de toutes mes forces. Papa tente de me faire lâcher prise, je résiste, me blottis contre ses jambes. Ma nourrice sanglote maintenant avec violence, je me mets à hurler : « Maman-nounou, je ne veux pas te quitter, je veux rester avec toi ! » Les voisins jusqu'en bas du bourg sont alertés, ils observent, à la fenêtre ou sur le pas de la porte. Les chiens se mettent à aboyer, furieux de ce raffut. Je crois bien me souvenir que la mule de Charlotte s'en mêle, elle brainit avec ardeur. Maman doit détacher mes petites mains agrippées à la jupe, papa m'arrache, je gigote et hurle comme un damné. Dans le car encore qui nous mène à Tours, mes parents ont à faire face au regard désapprobateur des autres passagers. Je m'écroule de fatigue dans le train, on me réveille à Paris, mon désespoir presque las est moins bruyant. L'autobus m'amuse, on voyage sur la plateforme. À l'arrivée rue des Plantes, la taille de l'immeuble m'écrase. Impressionné, je me tais. L'ascenseur m'émerveille. Au huitième étage, je demande à redescendre, puis à remonter, puis… C'est bon, c'est un petit frère aux yeux brillants mais calme que Jean-François et Olivier accueillent avec une certaine indifférence. Pourtant, en ce qui me concerne, l'essentiel reste à faire.

Mon lien au Petit-Pressigny et à mon enfance campagnarde a été pour moi déterminant jusqu'à aujourd'hui. Le sentiment que les rapports entre les villageois et leur relation à une nature non urbanisée, cultivée ou sauvage, constituent un modèle idéal d'existence ne m'a jamais quitté ; il trouve là ses origines. Chaque fois que possible, je suis retourné dans ce village, y ai encore des amis chers. J'ai continué d'arpenter ses chemins, entre vallons et plateau calcaire, à tous les âges de ma vie. Par deux fois, en 2013 et 2014, j'ai traversé la France à pied selon deux diagonales : du nord-est vers le sud-ouest, et de l'extrême ouest breton vers le sud-est et Menton. Deux mille kilomètres chaque fois. J'ai trouvé ces deux années-là le moyen de me rendre au Petit-Pressigny et d'y passer une journée de repos, méditant sur la rencontre entre mes itinéraires pédestres et ceux de ma vie depuis ses origines.

Promenade familiale

J'ai 5 ans lorsque je rejoins ma famille à Paris, 10 ans lorsque mon père Jean quitte notre domicile pour vivre avec une autre femme que maman. À partir de 7 ans, on me confie pour les longues vacances d'été à la garde de la Mzelle, Mlle Bésineau, une année dans le bocage entre Thouars et Bressuire (Deux-Sèvres), puis dans le Médoc. La Mzelle est une catholique fervente ; elle va à la messe chaque jour, lit le bréviaire de son frère prêtre défunt à qui elle servait de gouvernante – ou de bonne du curé, comme on voudra – jusqu'au décès de l'abbé en 1950. J'ai alors 6 ans et passe cet été-là, pour la seule fois de ma vie, deux semaines en famille dans le Jura ; c'est mon premier contact avec la montagne, l'origine d'une passion qui ne m'a jamais quitté. Jean-François et Olivier, mes deux aînés, sont dans une colonie de vacances proche ; maman, papa et moi logeons dans un hôtel de la petite station de Lélex, au bord de la Valserine et au pied du crêt de la Neige, le point culminant du Jura à 1720 mètres. Je me vois bien avec mes parents longer la rivière, qui a déjà perdu à Lélex son caractère torrentueux, pour rendre visite à mes frères dans leur colonie un peu en amont. Surtout, j'ai gardé à l'esprit l'image des chemins qui serpentent dans la forêt de conifères vers les alpages conduisant à l'arête faîtière et au sommet. Je n'y suis, je crois, jamais monté ; les mille mètres de dénivelé pour l'atteindre du village faisaient beaucoup, peut-être, pour mes petites jambes de 6 ans. Rien ne me garantit la fidélité de ma mémoire, il se peut que des couches successives déposées par mes souvenirs ultérieurs d'extases montagnardes aient profondément modifié, peut-être dénaturé, ceux de mon initiation jurassienne. Il n'empêche, c'est le Jura de mes 6 ans, le seul auquel je puisse accéder. Personne parmi nous n'avait alors d'appareil photo.

Je me revois avec mes parents franchir non loin de l'hôtel un petit pont sur la Valserine pour m'élever aussitôt par une pente marquée au milieu des épicéas. Les myrtilliers abondent jusqu'à ce que la forêt s'éclaircisse et s'interrompe vers 1500 mètres d'altitude. Ils sont en cette saison chargés de baies que je découvre : je ne connaissais jusque-là que les mûres tourangelles de mon enfance. Tout de suite les myrtilles me régalent, je m'en goinfre si goulûment que ma langue, mes lèvres, mes mains sont bientôt violettes et que des traces de la même couleur descendent sur mon menton et maculent déjà mon maillot. On me laisse profiter de ma découverte et du festin, ralentir la marche sous l'œil attendri et bienveillant de maman et de papa. Je les vois se tenir par la main en m'observant, mais peut-être ai-je tant désiré voir entre eux une telle marque de tendresse que j'ai imaginé la scène. Nous finissons quand même par progresser et nous élever à la limite supérieure de la forêt. La lumière crue de juillet explose dès que nous quittons le couvert sombre des résineux, je cligne des yeux, ébloui. L'alpage monte en pente douce vers une crête arrondie qui s'élève vers le sommet, à gauche. Un petit torrent vif et agile barre la prairie en diagonale, l'eau s'y écoule en un murmure soutenu à la tonalité aiguë. Des gouttelettes argentées giclent légèrement sur les pierres qui fendent le courant frêle. De part et d'autre du ruisseau, des fleurs innombrables égaient le vert des prés, renoncules d'or, pensées aux nuances reproduisant les couleurs de l'arc-en-ciel du violet au jaune, scabieuses, knautias, chardons et d'autres espèces encore que je ne peux plus aujourd'hui identifier. Garçonnet, je n'en connais aucune, n'en ai jamais vu tant et en demeure un instant saisi. Seuls mes crayons de couleur, pensé-je, sont capables de figurer une telle profusion. Nous n'irons pas plus haut et nous arrêtons au bord du torrent pour prendre un casse-croûte. Entre deux bouchées, je saute, gambade, patauge, cueille un bouquet de fleurs pour maman. « Il est magnifique, mon chéri, l'un des plus beaux que j'aie jamais reçus ! » Bisou, câlin, papa qui nous félicite au son lointain du tintinnabulement des cloches de vaches paisibles sur la crête. Quelle splendeur que mon Jura de 6 ans ! A-t-il vraiment existé ou bien en ai-je tant rêvé que mon esprit avide l'a construit ? Je ne saurais dire. Papa et maman pleins d'attentions l'un pour l'autre et pour leur petit garçon émerveillé, est-ce possible ? Le choc d'un premier contact avec la montagne, ses paysages, ses fleurs et son atmosphère est lui – et lui seul – avéré. C'est le début d'une relation passionnelle qui jamais ne se démentira.

La nuit suivante, bien las, je dors, plein de rêves lumineux qui me ramènent à l'estive. Tôt levé, je me glisse dans le lit de mes parents, me faufile entre eux, les éveille. Je vois papa prendre sur la table de nuit un tout petit livre bleu aux pages fines et à l'écriture minuscule. Il commence à lire : « À Jérusalem, près de la porte des brebis, il y a une piscine qui s'appelle en hébreu Bethesda et qui a cinq portiques. Sous ces portiques étaient couchés en grand nombre des malades, des aveugles, des boiteux, des paralytiques, qui attendaient le mouvement de l'eau : car un ange descendait de temps en temps dans la piscine et agitait l'eau ; et celui qui y descendait le premier après que l'eau avait été agitée était guéri quelle que fût sa maladie. » Et mon père continue de me lire l'Évangile de Jean. À un homme grabataire qui jamais ne peut aller jusqu'à la piscine et profiter de ses bienfaits, Jésus dit : « Lève-toi et marche. » L'homme se lève et part, son grabat sous le bras. « Tu vois, mon petit Axel, Jésus dit ici de ne jamais attendre du ciel, des anges, ce que tu désires. "Lève-toi et marche", prends-le pour toi-même ! Tu le peux si tu le veux vraiment, si tu crois en toi. »

Mon Jura, un songe, celui d'une vie familiale heureuse entre des parents unis. Plus jamais cela ne s'est reproduit, pourtant cet instant a existé, personne n'a pu me le prendre. La montagne est devenue pour moi le symbole de l'harmonie, de l'évidence, de la franchise, de la puissance incontestable, de la perfection, en somme. Elle m'a comblé en retour. J'y ai pleuré de joie, sangloté de désespoir, aimé passionnément. Son souvenir et ses promesses m'ont aidé en toute occasion à vivre loin d'elle l'essentiel de ma vie professionnelle et familiale. Ses images projetées en mon esprit n'ont jamais manqué d'atténuer le dégoût parfois ressenti de la plate grisaille des choses, parfois des gens. Elle est associée au souvenir de la parabole de Jean, l'évangéliste et mon père : « Lève-toi et marche, il te suffit de le vouloir ! Marche, élève-toi, atteins la crête, tâche de la suivre. Tu le peux. »

La Mzelle, Raquette pour le néant

Je vais sur mes 8 ans, cet été-là. Nous sommes en vacances avec mes frères Jean-François et Olivier, plus un ami du premier, à Saint-Maurice-la-Fougereuse. Ce petit village à la frontière entre le Maine-et-Loire et les Deux-Sèvres vit encore à l'époque dans la haine de la Révolution française et la déploration d'une royauté fantasmée. L'Église catholique et romaine possède une autorité presque sans partage quoique la « Petite Église » anticoncordaire de Vendée, jadis puissante dans le bocage, garde quelques adeptes[1]. L'abbé Bésineau et sa sœur, la Mzelle, y dirigeaient une fort pieuse colonie de vacances, mais l'abbé est mort. La Mzelle a accepté de s'occuper de nous et de nous seuls. Mes pas me confrontent là, pour la première fois, au sentiment de la honte et à la mort.

Je suis le petit de la bande de garçons, un peu esseulé ou dans les jupes de la Mzelle, à l'occasion celui auquel les grands jouent des tours. J'ai pris

1. Axel Kahn, *Entre deux mers : voyage au bout de soi* [Stock, 2015], Le Livre de Poche, 2016.

l'habitude tous les matins, après le petit déjeuner, d'accompagner jusqu'à l'église toute proche la Mzelle qui se rend à sa messe quotidienne, puis de faire le tour du bourg et de revenir par des petits chemins qui le contournent. Ce jour-là, une inscription nouvelle sur l'une des bornes du monument aux morts attire mon attention ; intrigué, je m'approche : « Axel est un œuf ! », tracé au brou de noix. Décontenancé, je regarde autour de moi. Sur le mur gris, à côté du magasin-épicerie-bazar, le même libelle infamant, à la craie cette fois. Je me mets à courir, suffoqué par la honte. Derrière les fenêtres, je vois des rideaux s'agiter. On me regarde, goguenard, je le sais bien. Un petit œuf sur pattes, il ne faut pas manquer ça ! J'ai l'impression qu'on m'épie de partout, derrière le muret, là-bas, par les grilles du cimetière, du clocher de l'église. Je m'imagine la risée du village, bientôt du département… du pays, peut-être ? Les grands ont sévi partout, va savoir s'ils n'ont pas passé le mot à des copains ailleurs dans le pays ? J'arrive à la grande maison où la Mzelle m'accueille, en larmes, le souffle coupé par mes sanglots sonores et ma course effrénée. Vite, réfugions-nous dans mon lit, sous les draps, je veux disparaître. C'est là qu'au terme de sa sanctification quotidienne la Mzelle me retrouve, me console, me cajole, me prépare bien vite une tranche de pain perdu au sucre candi et à la vanille. Rien que de l'entendre rissoler dans la poêle beurrée, je reprends goût à la vie. Les grands seront sommés par la Mzelle d'effacer leurs vils écrits partout, on n'en parlera plus, mais le souvenir m'en est resté comme celui d'une menace : succomber au sentiment de honte d'une réprobation générale, en perdre tous mes moyens. Je me suis au fil des décennies forgé l'âme afin de n'être pas si fragile mais ai conservé la hantise de l'opprobre. Scientifique, combien de fois n'ai-je pas fait le cauchemar que mes résultats publiés ne soient démontrés erronés et que mon laboratoire ne devienne l'objet de la commisération ironique de mes pairs. « Axel est un œuf ! » De cet épisode découle peut-être un message constant dispensé à mes élèves : « Nous autres, chercheurs, n'avons guère que le pouvoir conféré par notre réputation. Elle est notre bien le plus précieux, ne l'oubliez jamais ! »

Quelques jours après, les garçons vont, sous la conduite de la Mzelle, se baigner dans un trou d'eau des environs que nous connaissons sous le nom de La Raquette. Il est situé à quelques kilomètres du village, dans un paysage vallonné et rocheux typique de ce contrefort oriental du Massif armoricain. Çà et là le granit affleure entre les étendues marneuses, la végétation est alors limitée aux fougères et bruyères, les serpents abondent. Plusieurs lacs et étangs parsèment le plateau, ils occupent des dépressions alluvionnaires ou des cuvettes rocheuses. La Raquette est, selon mes souvenirs, du dernier type. Bientôt en slip de bain, les pensionnaires de la Mzelle pataugent, s'aspergent, font quelques brasses, puis les grands s'éloignent pour je ne sais quoi. Mlle Bésineau, assise en hauteur sur un bloc granitique arrondi, surveille son monde. Je reste dans l'eau, m'avance d'une dizaine de mètres vers le centre du trou d'eau et coule. Je ne sais pas nager. Les quelques secondes, trente ou quarante peut-être, passées sous l'eau sont restées gravées dans ma mémoire, je ne les crois pas beaucoup altérées par le temps. Je ne fais aucun geste, aucun mouvement et attends. Bien vite j'ai la certitude que je ne remonterai pas, que je vais mourir. Je suis encore fort pieux, à l'époque. L'image s'impose dans mon esprit, d'une grande clarté presque désirable, elle dissipe en un instant l'inquiétante et froide pénombre du bas-fond où je suis tombé. C'est donc cela, pensé-je. Alors, allons-y. Je rejette l'air emprisonné dans mes poumons et me prépare à une profonde inspiration. Je n'en ai pas le temps, une main me saisit par ma tignasse et me remonte. La Mzelle n'avait pas les yeux sur moi lorsque je me suis enfoncé sans bruit, elle surveillait les jeux des grands. Cependant, son regard se portant à nouveau sur La Raquette où je ne suis plus, elle comprend immédiatement la situation. « Jean-François, Jean-François, vite, viens chercher ton frère. Il est sous l'eau ! » Sans s'affoler mais avec autorité. C'est par conséquent mon grand frère qui me repêche. La Mzelle fut bien entendu passionnée par l'évocation de la grande clarté qui m'avait envahi au fond de mon trou. Elle se laissa aller à dire dans le village que le petit Axel avait aperçu le paradis, ce qui me valut popularité et considération auprès des habitants.

S'il est vrai que je suis un œuf, ce dernier chut quelques années plus tard sur une pierre de granit et ma foi s'échappa de la coquille brisée, il n'en reste rien. En tout cas de l'ordre de la foi elle-même. J'interprète par conséquent mes sensations de « bientôt noyé » comme une image mentale créée conjointement par le manque débutant d'oxygénation de mon jeune cerveau et ma certitude d'aller sous peu au ciel. On m'en avait tant parlé ! Je m'interroge aussi sur ma surprenante passivité lorsque j'ai coulé : pas un battement de jambes, pas un mouvement, une immobilité de statue. Sans doute me serais-je débattu si j'avais commencé à inspirer de l'eau, mais là, rien. Ce comportement étrange m'apparaît comme la première manifestation d'un trait de caractère dont je ne me suis jamais départi, le fatalisme. Je ne cherche pas la mort, ne la désire pas, mais elle ne m'a, en ce qui me concerne, jamais effrayé. Pourtant, cette sérénité à la pensée de la Camarde n'a plus rien à voir avec l'attente d'une félicité céleste ! Elle est une vieille compagne de mon métier de médecin, je l'ai combattue comme je savais le faire. Premier praticien de la famille, il m'est échu de soulager les miens qui s'apprêtent à la connaître. Ce sera mon cas quand le moment sera venu, je ne perds nulle énergie à m'évertuer d'en reculer l'instant. Je tâche, en montagne, de n'être pas imprudent. Pourtant, durant la seconde de mes grandes traversées pédestres de la France, je m'engageais seul dans des terrains difficiles et non balisés, dont tout chemin avait parfois disparu. Personne ne savait où j'étais, ne pouvait le savoir. J'avais conscience de l'inutilité de mon téléphone portable si, blessé après une chute, je gisais dans une anfractuosité, entouré d'escarpements rocheux. J'avais omis, par négligence volontaire, d'activer une balise GPS que l'on m'avait offerte. On verra bien !

Jeux de nuit

Le petit paysan avide d'air pur, de liberté et d'espaces que mes parents avaient arraché dans la douleur à sa nourrice et à la campagne était intenable. On le fit bien vite entrer chez les louveteaux, puis chez les scouts. Au moins était-on tranquille pendant les camps de Pâques et d'été, j'en revenais un peu calmé, pour un temps bref. J'ai 12 ans lors de ce camp de Pâques en Sologne. Le temps n'est pas fameux, il devient glacial au fil des jours. La nuit, les garçons emmitouflés dans leurs duvets, couverts de deux chandails superposés, se serrent les uns contre les autres. La chaleur animale des corps entassés dans un espace réduit se dissipe en effet bien vite à travers le mince tissu de la tente. La nuit, on entend les dents claquer. Au petit matin, la vache à eau est prise en glace qu'il faut briser avec une grosse pierre. Les morceaux fondent alors, comme à regret, dans la bassine sur le foyer qu'il a été difficile d'allumer avec un petit bois givré puis mouillé. Les scouts renoncent à se laver, ils sautillent sur place autour de l'eau qui chauffe en se frappant les épaules et les cuisses. Lait concentré, chocolat, sucre, gamelles pleines et brûlantes tenues des deux mains gourdes. Boire, vite, le breuvage si vite refroidi ! Des tranches de pain sont piquées sur des baguettes fourchues et grillées directement au feu de bois, puis enduites de margarine et d'une épaisse couche de confiture. Ça commence à aller mieux. Il nous faut prendre des forces, le jeu de nuit de ce camp débute en principe ce soir. Chaudement vêtus, le béret enfoncé sur la tête à la manière d'un bonnet, les scouts de la patrouille ont reçu leur feuille de route, ils se mettent en marche vers 17 heures, devisant en paquet, puis bientôt silencieux à la queue leu leu. Il nous faut mouler des empreintes de gibier, abondant ici : sangliers, cerfs, chevreuils. Mais aussi renards, martes, blaireaux, oiseaux divers. La terre est gelée, les traces des pas sont comme sculptées, les conditions sont idéales pour nous acquitter de notre tâche. La moisson est bonne, les petits blocs de plâtre alourdissent vite nos sacs. Damien, en tête, se penche soudain, il se relève, tenant à bout de bras par sa fine queue rouge orangé une imposante vipère aspic transie. L'animal mesure bien quatre-vingts centimètres, il pend verticalement, la tête à peine incurvée. Je me demande alors si les serpents gèlent quand il fait près de cinq degrés en dessous de zéro. À vrai dire, je reste aujourd'hui incapable de répondre à cette question essentielle. Nous sommons tous Damien de se débarrasser de son inquiétant trophée. Jeté à terre, le reptile s'éloigne difficilement par de lents mouvements empruntés. Il nous faut ensuite trouver avant les autres patrouilles un trésor pour lequel, selon le scénario du jeu, nous nous affronterons, la nuit tombée et à la lumière des lampes torches, en un combat de foulards décisif. Il fait un froid de gueux, et commence bientôt à tomber une neige dont les flocons s'épaississent vite. Il faut regagner nos abris. Las, les tentes se sont effondrées sous le poids de la neige, le repli général s'impose. Les chefs nous guident vers la ferme voisine, ils obtiennent sans mal de l'agriculteur de nous laisser nous réfugier dans la grange. Nous n'avons pas emporté nos duvets mais les chefs ont quelques couvertures. Une couche de garçons serrés les uns contre les autres sous un rude tissu feutré, du foin par-dessus, nous cessons bientôt de frissonner et de claquer des dents, nous nous endormons. Le sommeil n'est pas exigeant à cet âge.

Daniel, un jeune chef, s'est couché à côté de moi. Sa main qui s'insinue contre ma cuisse et remonte sous ma culotte courte de scout, qui se positionne sur mon sexe impubère et le tripote consciencieusement, me réveille. Je suis stupéfait, je ne comprends pas. Je ne sais pas même si une telle chose est habituelle, normale, singulière, répréhensible, personne ne m'en a jamais parlé. Je n'ai aucune idée de l'attitude qu'il me faut adopter. Une chose est sûre : Daniel m'embête, il m'empêche de dormir. Nous sommes tous corps contre corps, je ne peux m'éloigner. Je me retourne, de l'autre côté, sur le ventre, sans échapper néanmoins à l'assiduité du jeune chef. L'idée ne me vient pas de crier, de protester. Je reste stoïque, silencieux, ma nuit est gâchée. Par la suite, je me contenterai de me tenir à l'écart de Daniel. Il faudra plusieurs mois pour que je me confie à maman. Elle préviendra elle-même discrètement les responsables scouts, Daniel sera exfiltré sans scandale. Autres temps. Je me remémore aujourd'hui ce premier contact avec la pédophilie homosexuelle – la pédérastie – avec une distance dénuée de passion et de douleur : il n'a été pour moi, c'est étrange, qu'un désagrément, en rien un traumatisme. Chaque être réagit différemment à ce genre de situation. Dans mon cas, il m'informa de l'existence d'un univers de désir que je n'ai jamais ressenti mais auquel j'ai par la suite été à maintes reprises confronté ; plus jamais avec l'innocence du jeune scout de 12 ans. Un aumônier, des conducteurs qui me prenaient en auto-stop, des utilisateurs comme moi d'auberges de jeunesse, des militants politiques. Bien assuré de ma capacité à repousser des avances qui me laissaient impavide, j'ai fini par me divertir de ces situations, par les explorer sinon avec sympathie au moins avec curiosité et parfois un certain amusement. À y repenser aujourd'hui, je crois qu'il s'agit là de ma première confrontation véritable avec une différence pour moi radicale, une expression de la diversité du psychisme humain et de ses pulsions. Me rappelant la gêne désarmée du garçon importuné par un adulte en principe admiré, conscient de ce que l'issue de tels comportements est souvent bien pire, j'ai de la sorte enraciné très tôt mon indignation face à la pédophilie comme à toute forme de sexualité sous dépendance. Mais aussi mon acceptation dépassionnée des désirs et des rites autres que les miens, la certitude que les notions du bien et du mal qui occuperont une grande place dans mes réflexions et mes livres n'ont rien à y voir.

Premiers émois d'un Médoc fraternel

Olivier, mon aîné de deux ans, et moi nous sentons chez nous, à Saint-Yzans-de-Médoc. Tous les ans, nous y arrivons aux premiers jours de juillet, les foins ne sont pas encore tous rentrés. L'école ne reprend qu'aux premiers jours d'octobre, alors que les vendanges battent leur plein. Presque trois mois, une tranche de vie, la période des récoltes. La Mzelle n'est pas restée à Saint-Maurice-la-Fougereuse après la mort de son abbé de frère. Les Bésineau sont issus d'une vieille famille de la bourgeoisie catholique bordelaise, de celles habituées à se rendre en villégiature à Arcachon ou Soulac, voire au Cap-Ferret pour les plus fortunées. Cependant, la Mzelle n'a plus les moyens de louer dans ces stations balnéaires depuis longtemps fort cotées et chères, elle s'est repliée pour la belle saison dans une très modeste maisonnette du bas Médoc, dans le tout petit village de Saint-Yzans. L'abbé avait jadis été vicaire de la paroisse de Saint-Julien-Beychevelle, il y avait enrichi une cave exceptionnelle. Sa sœur a pris goût à ce pays de collines chargées de vignes en bordure de l'estuaire de la Gironde, riche de Margaux jusqu'à Saint-Estèphe et Saint-Seurin-de-Cadourne en fabuleux premiers grands crus classés de Bordeaux. Avec ses rosiers aux fleurs rouges, roses, jaunes ou blanches plantés en tête des rangs de vigne, ses pêchers en bordure, la majesté de la limoneuse Gironde en contrebas, grise, brune ou verte, veinée de teintes tirant parfois sur l'orange selon la marée, l'heure et l'ensoleillement, c'est, il est vrai, un paysage de toute beauté. Saint-Yzans est situé six kilomètres plus bas au nord-ouest, la rive sud de l'estuaire est là plus plate, des vaches paissant sur des prés salés ont remplacé les lourdes grappes de cépages merlot et cabernet sauvignon. Les vins du bas Médoc sont récoltés plus dans les terres, sur des terrains à peine ondulés ; ils sont moins glorieux qu'en haut Médoc mais quand même !

Notre demeure de vacances appartient à la famille Bousquet, des agriculteurs modestes dont la ferme est attenante. Le couple a trois garçons, Pierrot, Michou et Jacquie qui deviendront nos amis. On vit là de polyculture, quelques vaches laitières, des vignes, un peu de céréales à paille et de maïs, surtout pour les bêtes et la basse-cour ; des pommes de terre et des légumes pour la consommation personnelle. Pas de mécanisation pour les travaux des champs, d'abord une paire de bœufs, puis un cheval. Presque un luxe, pourtant : des paysans encore plus pauvres labourent eux avec des vaches de travail. Il faut faire attention mais on s'en tire. Je suis dans mon élément campagnard et villageois, je retrouve presque tout des activités et de l'atmosphère de la ferme de Charlotte, au Petit-Pressigny. La journée des petits Kahn à

Saint-Yzans est ritualisée. Il n'y a pas l'eau courante dans notre logis, nous nous lavons avec celle du broc de porcelaine dans la cuvette assortie posée sur une petite table près de la fenêtre dans notre chambre commune de l'étage. Les pots de chambre vidés, les deux frères nourris et habillés, c'est alors la corvée d'eau. Le puits est près du chai, à deux cents mètres de là, avec sa corde, sa poulie et son seau. Nous y allons avec une petite carriole remplie de récipients variés, lessiveuse, seaux et bassines. Cela ne suffit pas pour la journée du vendredi, jour de la douche dans le tub en zinc. Nus, ensemble parfois, nous nous rinçons à l'eau tiédie sur le feu. Elle ruisselle sur nous de la pomme d'un arrosoir accroché au plafond et basculé à l'aide d'un cordon. C'est bien, nous rions à tue-tête. Le petit déjeuner pris, Olivier va faire du vélo tandis que je reste moi avec la Mzelle qui m'apprend à cuisiner. Son frère était fort gourmand, elle est un authentique cordon-bleu. L'après-midi, tout dépend. Soit, lorsque la marée est haute, nous nous rendons au port de Lamena ou à La Maréchale pour pêcher dans des chenaux qui se jettent dans l'estuaire. Ce sont le plus souvent des étrilles et des crevettes appâtées dans la balance par des tripes de poulet ou des bouts de morue. Parfois des anguilles attrapées à l'aide de pelotes de vers de terre enfilés sur un brin de laine, fixées à des baguettes. Nous ne dédaignons pas les grenouilles harponnées dans des mares à l'aide d'un hameçon trifide couvert d'un chiffon rouge, des escargots ramassés après la pluie. Les vacances de Pâques coïncident avec la période des « pibales », nom gascon des civelles, des alevins d'anguilles qui viennent droit de la mer des Sargasses. À l'époque abondantes, elles sont devenues des denrées si rares et prisées que leur prix avoisine celui du caviar ! Avec des gars du village, nous les pêchions la nuit, lorsqu'il avait bien plu, au tamis depuis les rives des chenaux. Les jeudis d'été étaient l'occasion d'une autre activité nocturne. À mi-marée montante, l'obscurité déjà profonde, nous accompagnions les fils Bousquet pour pêcher du poisson à la senne. C'est strictement interdit mais, en cette veille de vendredi obligatoirement maigre, la Mzelle a décrété que le bon Dieu nous pardonnerait cette infraction : c'est la seule assurance d'avoir du poisson pour le jour de la mort de Jésus ! Enfoncés jusqu'aux cuisses dans la vase de l'estuaire, nous remontons le courant alors que le filet se déploie entre deux pêcheurs – haleurs, l'un près de la rive et l'autre en eau plus profonde. Des comparses attirent les poissons vers le piège mortel avec des torches électriques. La pêche est le plus souvent miraculeuse ! Je cuisine toujours nos prises, depuis la préparation initiale, dépouillage des anguilles et des grenouilles, dégorgement des escargots, jusqu'à la cuisson finale – matelotes, pibales au vin blanc et lamproies à la bordelaise incluses. Mon goût pour la cuisine ne m'a jamais quitté.

D'autres fois, je participe avec le père Bousquet et ses fils aux travaux agricoles : rentrer les foins ou les céréales en bottes, ramasser les pommes de terre, vendanger, fouler pieds nus le raisin. Il n'y a pas de moissonneuse-batteuse à Saint-Yzans. La moisson séchée et entreposée à la grange, la batteuse mécanique fait le tour de toutes les fermes pour séparer les grains de blé, orge et avoine de leurs enveloppes, le son. Chaque fois, les paysans se rassemblent chez celui où se déroule l'opération. La machine est installée dans la cour, actionnée via une grande courroie par une poulie du tracteur. Tout le monde s'y met, on apporte les bottes de céréales, on les enfourne dans la machine, on récupère la paille. Dans un bruit d'enfer et un nuage de poussière, je suis préposé à fixer les sacs de jute à des bouches latérales par lesquelles sort le grain. Pleins, ils sont saisis par des bras puissants et entreposés au grenier. Le son soufflé hors de l'engin est recueilli par ailleurs, mais il s'en perd dans l'atmosphère, on tousse, on éternue. Bientôt tout le monde est gris foncé, la salive de la même couleur, les oreilles bourdonnent. Enfin, c'est l'heure du repas. Mme Bousquet a tué poulets et canards, elle a confectionné des terrines, elle cuisine depuis deux jours. Le vin est tiré des tonneaux du chai, servi à profusion en carafe. Café, eau-de-vie et il faut y retourner. Tout doit être terminé avant la nuit, la machine est attendue ailleurs demain. Quelles journées !

J'aime aussi aller seul avec Michou pour rentrer le foin. Il a 18 ans, j'en ai 13 cette année-là. Michou jouit à mes yeux d'un trouble prestige. Tout le monde lui fait la réputation d'être le coq du village, j'ai idée de ce dont il s'agit. J'aimerais bien, plus tard, en devenir un, moi aussi, il me faut m'en inspirer. Il est beau, costaud et a une belle voix. Pour ce dernier don, aucun espoir, je devrai compenser ! En attendant, il faut le rentrer, ce foin. Je suis dans la charrette attelée, Michou à côté. Il me passe l'herbe sèche à la fourche, je l'arrange en couches successives sur lesquelles je monte, m'élevant à mesure, si bien qu'à la fin je me trouve trois bons mètres au-dessus de lui ; il me tend les dernières fourchées, le manche tenu à bout de bras. La charrette est maintenant bien pleine, il nous faut rentrer, le cheval commence à peiner. Bras dessus, bras dessous, plaisantant, le fils Bousquet parfois chantant, nous marchons à côté de l'animal en direction du fenil au-dessus de l'étable. Michou fait une halte avant. Arrivé devant le domicile de la Parisienne en vacances avec ses deux filles de nos âges, à Olivier et moi, il frappe à la fenêtre qui donne sur la route. On lui ouvre ; il enjambe et entre. « Bon, Axel, comme d'habitude, hein, tu te débrouilles seul et tu m'attends. Je n'en ai pas pour longtemps. » J'ai l'habitude, de fait, je gare la charrette en contrebas du fenil et patiente. Pas longtemps, en effet, pas plus d'un quart d'heure, assez pour fantasmer ce qui se passe derrière cette fenêtre, dont j'imagine tant mais ne sais rien en détail. La puberté approche, je m'en avise sans peine. Comme promis, Michou me rejoint bientôt, un peu rouge et ébouriffé, mais sinon comme si de rien n'était. Il faut entreposer le fourrage, maintenant. Je suis cette fois dans le fenil et lui sur la charrette, il me passe le foin par la porte haute, je le dispose dans le local. Depuis ces troublants souvenirs de mes fenaisons adolescentes, l'odeur de l'herbe coupée et du foin séché, ma madeleine de Proust érotique, m'évoque immanquablement bien plus que les seuls débuts de l'été à la campagne.

Rencontre au sommet

À la rentrée de ma classe de troisième, la maladie a achevé de disperser ma famille. Maman fait une très grave rechute d'une tuberculose ancienne. Sans les antibiotiques, la trithérapie maintenant bien établie, elle n'aurait pas survécu. Son séjour en sanatorium se prolongera plus d'un an. Jean-François, atteint lui aussi, est hospitalisé, puis envoyé dans un sanatorium réservé aux étudiants. Olivier, un « grand de 16 ans », établit ses pénates rue de Lisbonne à Paris, dans la vaste et chic demeure de notre grand-mère Blanche, mamie, maintenant veuve. On m'envoie pensionnaire au lycée Marcel-Roby de Saint-Germain-en-Laye, surveillé de près par la médecine scolaire. Avant même la fin du premier trimestre, on décèle chez moi une lésion pulmonaire. Direction l'hôpital, long séjour émaillé de complications. Après maintes péripéties, je suis envoyé au printemps dans un préventorium de Chamonix, Les Soldanelles. L'établissement est constitué de deux grands chalets dans la montée vers le Brévent. Ma fenêtre donne sur la vallée et le massif du Mont-Blanc dont l'importance du chapeau nuageux le soir permet de connaître le temps qu'il fera le lendemain. Les jours s'écoulent, paisibles, ils sont marqués par ma fascination croissante pour la montagne ici omniprésente. Je dévore les livres de la trilogie alpine de Frison-Roche, *Premier de cordée*, *La Grande Crevasse*, *Retour à la montagne*. Le matin, encore dans mon lit, puis au retour du petit déjeuner, je suis l'ascension de Jean dans les Drus, le livre en main et la pyramide rocheuse devant moi, à l'est du massif. Lorsque l'orage gronde, je suis le guide foudroyé, puis Georges le porteur qui sauve le client américain. Comme Pierre atteint de vertige, je vois la Verte et les Grandes Jorasses se mettre parfois à tournoyer. Je prie pour que Brigitte rende son amour à Zian, je cherche à deviner où se situe la grande crevasse dans laquelle il périra. Après le Jura de mes 6 ans et un camp scout dans la région de Bagnères-de-Bigorre, Chamonix est mon premier vrai contact avec la très haute montagne, celle des neiges éternelles et des glaciers. J'en ai le souffle coupé. Je la suis des yeux autant que je peux lors de nos promenades quotidiennes sur ce versant nord-ouest de la vallée, vers, en amont, les Nants, Les Praz et les Glières, longeant l'Arve et l'Arveyron, franchissant les torrents qui dévalent des Aiguilles-Rouges. Parfois vers Les Bossons et Les Houches en aval, face au géant blanc.

Papa décide de passer trois jours avec moi au début du mois de juillet. J'en suis heureux, bien entendu, anxieux aussi. Déjà rebelle et passablement agité depuis mon arrachement au Petit-Pressigny et à maman-nounou, j'ai mal vécu la séparation de mes parents, très mal. J'avais auparavant été terrorisé par le spectacle de leurs affrontements véhéments, dressés l'un devant l'autre, l'un contre l'autre, des montagnes d'humanité hostile pour un garçonnet de 7-8 ans. Depuis, je savais que mon agressivité revendicative peinait papa lorsque nous nous rencontrions, je ne parvenais pas à la maîtriser. Qu'en serait-il cette fois ? Nous refaisons le premier jour mes promenades habituelles dans la forêt d'épicéas qui s'élève jusqu'à Planpraz et les contreforts rocheux du Brévent et des Aiguilles-Rouges. Sept ans après ma première escapade avec lui et maman dans les pentes du crêt de la Neige, nous retrouvons un paysage très semblable, les myrtilliers chargés de baies mûres, perles bleu violacé, sucrées et goûteuses, sur une pente sinon moussue dans la lumière sombre des résineux, épicéas puis mélèzes plus en altitude. Nous prenons tout notre temps, dégustons force myrtilles, nous asseyons sur des rochers, au bord ou au milieu de petits torrents qui dévalent la pente. Pieds nus fouettés par le courant, nous devisons sans tensions, nous donnons de nos nouvelles, discutons les choses de la vie qu'un père aborde avec un fils, je me sens en confiance. La deuxième journée est consacrée à une longue balade sur les hauteurs du Brévent auquel nous sommes montés par les télécabines et le téléphérique. La contemplation de la chaîne du Mont-Blanc en face occupe l'essentiel de notre temps, papa est subjugué. Je lui désigne les sommets, y resitue les courses décrites par Frison-Roche, fier de ma toute jeune science, de l'offrir pour la première fois à cet homme que j'admire tant.

L'aiguille du Petit Dru, pyramide aiguë presque parfaite, mille mètres de paroi rocheuse à pic dont l'ascension est si difficile. L'aiguille Verte, à côté, puis, vers l'ouest, les Grandes Jorasses, l'aiguille du Midi où nous projetons de monter demain si le temps reste beau ; enfin, la succession immaculée du mont Blanc du Tacul, du mont Maudit, du seigneur incontesté, le mont Blanc, avant le dôme du Goûter. Je pense que mon père et moi partageons de semblables sensations devant ce spectacle inouï, celui à la fois de notre insignifiance et de notre fragilité, mais aussi à l'inverse de notre magnificence et de notre immensité. Les Drus, ces deux sommets jumeaux si raides et si techniques, ont tué le guide Jean et tant d'autres qui n'étaient rien pour eux. Ils demeurent indifférents à la majesté de leurs voisins, à la domination du mont Blanc. Nous, nous pleurons la mort de Jean, elle ne nous découragera pas, nous nous sentons transportés et immenses devant cette chaîne. Impressions fort pascaliennes et inévitables, elles nous gorgent l'esprit de bonheur, nous exaltent. Comment ne pas aimer l'homme avec qui je partage cette jubilation, j'espère qu'il a pour moi le même sentiment.

Nous sommes bénis des dieux, pas un seul nuage, excepté le chapeau clair dont se couvrira le mont Blanc cet après-midi, ne vient gâcher notre escapade à l'aiguille du Midi. Nous sommes là en haute montagne, à 3 800 mètres. Mon père est en chaussures de ville, moi en tennis, la neige est abondante et profonde, il n'est pas possible de s'éloigner beaucoup des terrasses aménagées et du sol damé qui les prolonge. Observer le départ des skieurs vers la vallée Blanche, des cordées en direction du mont Blanc qui paraît tout proche, via le Tacul et le mont Maudit, vers l'Italie et Courmayeur, nous occupe un instant. Nous nous intéressons aussi aux groupes de grimpeurs qui débouchent de la paroi sous le câble du téléphérique. Le paysage est cependant moins saisissant que celui qui nous a subjugués la veille depuis le Brévent, ou bien alors nous sommes déjà un peu blasés. Quoi qu'il en soit, nous nous éloignons d'une cinquantaine de mètres des installations de la gare téléphérique et, derrière une courbe de la pente d'amont qui nous isole, nous nous asseyons sur des blocs de neige dure. Là, nous parlons. Non pas comme les jours précédents des événements de nos vies et de celles des nôtres, ni de la splendeur des lieux, mais de nous. Papa m'interroge avec tendresse sur ce que je sens en moi, sur mes tumultes, mes démons, mes incompréhensions, mes blocages. Je le questionne sur sa vie, ses élèves, sa relation à ses fils, à nous. Je m'efforce de comprendre ce qu'il cherche, ce à quoi il aspire, il manifeste le même questionnement à mon propos. Il m'amène à formuler comme jamais je ne l'ai fait auparavant la manière dont je me vois, maintenant et demain, ce que je pense de ce « je » qui en est un autre dont parle Rimbaud, de moi en somme après m'en être éloigné juste ce qu'il faut pour le considérer, me considérer. Je vois à son sourire, à ses yeux attentifs et brillants, qu'il est passionné, je le suis de lui. Il me semble que, tous deux, épaule contre épaule, nous venons là, au-dessus de presque tout, de prendre enfin possession de notre relation, qu'elle nous apparaît riche et que nous faisons le serment de ne plus nous quitter. De retour à Chamonix, je sais que j'ai un père et qu'il m'aime. J'en suis transporté et je l'aime.

Un « sale juif » peu catholique

Quoique ayant un peu étudié aux Soldanelles, je n'ai pour l'essentiel pas suivi la scolarité de classe de troisième. De plus, ma famille reste éclatée, ma mère en sanatorium. On décide par conséquent de m'inscrire pensionnaire en seconde dans une école dirigée par un père jésuite à l'abbaye de Pontlevoy, au sud de Blois. C'est une grande bâtisse rénovée en 1640 par Richelieu qui y établit un collège royal militaire. Les professeurs appartiennent à la toute jeune congrégation bénédictine de Saint-Maur. Les mauristes remplacent les anciens bénédictins affiliés à l'ordre de Cluny établis en ces lieux depuis le XIe siècle. Le jésuite qui règne ici en maître en est un digne descendant. Homme sévère, d'allure ascétique, il enseigne le français, le grec, le latin et occupe les fonctions de préfet des études. Il me prend en main, m'inscrit en section A prime (latin, grec et mathématiques) et me permet de rattraper sans tarder le retard accumulé durant l'année précédente. Sans doute sa rude autorité et l'admiration que je lui porte, l'influence qu'il exerce bientôt sur moi expliquent-elles, avec mon isolement, le mysticisme croissant dans lequel je sombre. Mysticisme sur fond d'un sentiment de culpabilité qui me tenaille. J'ai été un mauvais garçon depuis que j'ai quitté ma nourrice, un mauvais fils dont l'arrivée agitée a déstabilisé sa famille. Peut-être porté-je une lourde responsabilité dans la séparation de mes parents, et alors dans la maladie de maman, de Jean-François. La mienne en serait une juste punition. Il me faut me racheter, prier et me racheter. J'étudie dur, sinon je me rends dès que je peux à la chapelle, je prie. Je me forge une mentalité de pénitent et m'inflige des châtiments, pour tout, une mauvaise pensée – et Dieu sait qu'elles nous viennent à 14 ans –, une émission nocturne, une parole brutale ou désobligeante. Je ne me flagelle pas mais m'inflige des punitions, surtout des dizaines et des dizaines de chapelet. L'hiver est terrible, il gèle à pierre fendre dans nos dortoirs qui furent ceux des moines puis des pensionnaires et qu'il n'est pas possible de chauffer. J'égrène durant ces nuits glaciales les grains d'un chapelet qui ne me quitte plus : « Je crois en Dieu », dix « Je vous salue Marie », un « Notre Père » et on recommence. Je m'impose un rosaire, c'est-à-dire cinq chapelets entiers, au moins une fois par semaine. Le matin, l'eau peine à couler des robinets gelés, se laver est héroïque. J'y vois la marque de la pertinence des mortifications que je m'impose, Dieu y consent et m'y aide.

Les jeudis fériés sont en hiver bien tristes, presque lugubres. L'après-midi est occupé par une promenade obligatoire dans une campagne plate et grise. Une petite route nous mène à la Bellevellerie ou au moulin de Charenton. De là, par des chemins de terre dure entre des prés ras, nous suivons parfois le vallon du ruisseau des Anguilleuses, bifurquons vers l'orée de la forêt de Montrichard ou, de l'autre côté, du bois clairsemé de Monthou-sur-Cher. Souvent, j'avance en silence, j'égrène discrètement mon chapelet, les mains dans les poches. Ce jour-là, cependant, je discute avec Yann, un fils de la noblesse bretonne. Nous avons un différend. Je ne m'occupe guère de politique, en ce temps-là, mais mes parents et mes frères sont de gauche, ce n'est à l'évidence pas le cas de la famille de Yann. Nous parlons des « événements d'Algérie », comme on dit alors. Yann affiche des positions crypto-racistes en dénonçant les *fellagha*, je proteste, le ton monte. « Eh, va donc, sale juif ! » lance-t-il en s'éloignant, furieux. Je suis stupéfait, je ne comprends rien. « Sale »… va encore, c'est à l'évidence une injure qui me semble bien gratuite. Je suis toujours, malgré le froid, d'une impeccable propreté. Mais « juif » ? Que veut-il dire par là ? Qu'est-ce, être juif ? Sont-ils tous sales ? Suis-je juif ? J'ai une ressource pour répondre à mes interrogations blessées, mon professeur d'histoire. Je l'aime bien, c'est réciproque, quoiqu'il me regarde d'un air singulier. Il nous enseigne sa discipline à partir d'un manuel de Jacques Bainville, disciple de Charles Maurras et dignitaire de l'Action française. Il demeure quant à lui un ardent maurrassien. Et un impénitent antisémite qui nous certifie le caractère irréfutable de la culpabilité d'Alfred Dreyfus. Mon professeur m'enseigne tout de la signification de l'injure que Yann m'a lancée, de la raison pour laquelle on parle de « sale juif », de ce qu'est le

« peuple juif », à ses yeux. Apprentissage accéléré en rattrapage d'un silence total de ma famille sur cette question. Décidément, j'ai beaucoup appris et progressé sur les mornes chemins gelés du Blésois, à Pontlevoy.

Et ce n'est pas tout. Ma querelle avec Yann et l'enseignement de mon professeur m'ébranlent et m'amènent à remettre en chantier mes certitudes, à les soumettre en somme à un conseil de révision. Je me gausse bien vite de mes égarements dans un mysticisme doloriste, mon chapelet ne quitte plus le tiroir de ma table de chevet. Les nuits s'adoucissent, maintenant, cela contribue peut-être à dégeler ma pensée. Libéré de la récitation itérative des prières du rosaire, je me pose des questions, j'analyse, je tente de tenir fermement la lisse de la rationalité dont papa m'a inculqué le caractère salvateur. Non, à y bien réfléchir, je suis sans doute en grande partie innocent des épreuves subies par les miens. Ce n'est pas pour éviter mes turbulences que papa disait passer tous ses week-ends en retraite dans des monastères dominicains, son épouse n'a jamais été dupe. Certes, je n'ai pas été un enfant sage, mais la peine qui a miné maman doit plus à un chagrin d'autre origine qu'à mes incartades. Je me sens soulagé. En mars, la douceur d'un printemps précoce donne plus d'attrait aux promenades hebdomadaires des pensionnaires. Les jonquilles sont sorties dans les bois, des nivéoles persistent, les pervenches commencent juste à fleurir, tout se ligue pour me délivrer, je chemine léger. Des questions s'imposent à moi : il y a pour un croyant des raisons de louer le Créateur à ce spectacle de la nature qui repart, à la pensée de l'énergie incroyable insufflée par la sève qui monte dans chaque fleur, brin d'herbe qui perce, les bourgeons prêts à éclore. Suis-je croyant, cependant ? La question s'impose à moi avec brutalité. Je tâche d'y répondre, mon effort débute, me semble-t-il, en ces jours de réappropriation printanière d'une nature brusquement moins hostile. En quelques semaines, la réponse m'est évidente. Si je prends le Credo et autres actes de foi, maintenant enseignés en français depuis le concile Vatican II, il semble en fait que je n'en crois rien, laissant sans solution la question de Dieu lui-même. La Trinité, un en trois et trois en un, m'apparaît bien emberlificotée ; la virginité de Marie non établie, son assomption peu crédible ; la résurrection de Jésus elle-même commence à me laisser perplexe. Quant aux tombeaux qui s'ouvrent au jour du Jugement dernier pour laisser sortir les morts de tous les temps, j'en rejette la vraisemblance presque avec indignation. Le deuxième trimestre n'est pas encore terminé que j'en arrive à la conclusion que, contrairement à ce dont j'étais persuadé, je ne crois pas. Cette révélation n'est pas pour moi motif de fierté, plutôt promesse de difficultés nouvelles. Tout ne m'apparaît pas à rejeter de cette religion qui a été mienne et à laquelle je demeure encore sentimentalement et culturellement attaché. L'humanisme chrétien, en particulier, continue de s'imposer à moi, mais il ne peut plus être chrétien. Le refonder sur de nouvelles bases constituera l'une des tâches constantes de mon itinéraire intellectuel. Maman est maintenant revenue à la maison, j'obtiens sans peine d'y retourner avec elle, je retrouverai aussi mon frère Olivier. Le lycée Buffon m'accepte pour le troisième trimestre de seconde, il me faudra passer un examen avant d'intégrer la première. Ce sera sans problème. Je ne serai resté que six mois à Pontlevoy, des mois décisifs.

Stratégie pour une innocence perdue

Je passe le mois de juillet qui précède mes 15 ans dans un vaste domaine agricole bavarois, au pair. J'apprends l'allemand en première langue et c'est là un séjour linguistique. Le propriétaire, ancien officier de la Wehrmacht, a perdu un œil, le nez et une partie du visage sur le front russe. Un jour que je me rends par les chemins à l'auberge du village voisin avec un jeune apprenti ouvrier agricole de trois ans mon aîné, il m'assène fièrement, je ne me rappelle plus à quelle occasion : « N'empêche, durant la dernière guerre, nous, les Allemands, en trois semaines nous vous faisions kaputt, vous, les Français ! » Je déglutis avec peine mais n'ai rien à rétorquer, c'est peu contestable. Juillet, ce sont les moissons, je ne suis pas dépaysé. Sauf que je travaille cette fois juché sur une moissonneuse-batteuse-lieuse : il y a des années-lumière entre l'agriculture du bas Médoc et le modernisme de celle de Bavière. J'ai prévu pour le reste des vacances d'été de rentrer en France en auto-stop, sac au dos, d'auberge de jeunesse en auberge de jeunesse, en faisant un vaste crochet par le Tyrol et les Alpes autrichiennes, le Bodensee (lac de Constance), et la Suisse. Puis, de Lyon, direction Saint-Yzans pour y terminer l'été. C'est là mon premier périple. La marche y occupe une bonne place, dans les Alpes où je randonne mais aussi dans la pratique quotidienne du stop. Il convient depuis l'auberge de se rendre à l'endroit propice, d'en changer lorsqu'il n'est pas si propice que cela. Souvent, après une attente lassante, on se remet en marche sur le bord de la route en se contentant, sans se retourner, de faire au passage des voitures le signe consacré. De cette première expérience d'auto-stoppeur, je tire une leçon principale : les automobilistes sont bien plus enclins à s'arrêter pour les filles, seules ou par paires, que pour moi et les autres garçons. Les couples de fille et garçon sont eux aussi efficaces pour amadouer les conducteurs. Le meilleur plan pour le garçon est alors de se cacher dans le fossé ou derrière un arbre, de laisser la fille stopper les voitures, et alors seulement de se montrer et courir pour monter avec elle. Pour cela, en tirais-je la conclusion, il me faut m'associer, avant de m'élancer, trouver d'abord une fille qui accepte de faire cause commune avec moi.

Je décide pour les vacances de Pâques suivantes d'aller visiter les châteaux de la Loire, en stop, bien entendu. J'ai 15 ans et suppose que les garçons et les messieurs ne sont pas les seuls à pouvoir me trouver à leur goût. Fort de mon expérience récente, je me rends le vendredi saint en train à Chartres et descends à l'auberge de jeunesse, en bas de la ville, non loin de l'Eure. J'ai le projet d'y rester jusqu'à ce que j'aie rencontré une ajiste (utilisatrice des AJ, auberges de jeunesse) voyageuse qui accepte de s'associer à moi pour poursuivre notre route ensemble. L'après-midi est touristique, la ville en vaut la peine. Des anciennes murailles de l'île, je flâne dans les vieilles rues pentues qui mènent à la cathédrale Notre-Dame, au sommet de l'oppidum. Ma foi s'est évanouie quelques mois auparavant, brisée net. Ma culture catholique est quant à elle bien vivace, la visite de la cathédrale m'éblouit et m'émeut. Je ne saurais me rappeler ce qui m'impressionne le plus. Les flèches que les pèlerins voient de si loin au-dessus de l'or des blés mûrs et que chante Charles Péguy en 1912 : « Mais vous apparaissez, reine mystérieuse. / Cette pointe là-bas dans le moutonnement des moissons… » ? Le labyrinthe ? Le baiser de Judas ? Les vitraux, bien sûr. Et soudain je la vois, nimbée de la lumière bleutée qui en émane et qui caresse les visages et les pierres. Sa tête est couverte d'un foulard d'où s'échappent des boucles châtain clair, son regard est levé. Fascinée, les mains jointes, elle prie, peut-être.

Je la reconnais, gracieuse, gironde, les yeux gris-vert, elle est arrivée à l'auberge de jeunesse peu après moi. Une excellente entrée en matière. Elle habite Bruxelles et, comme moi, envisage après Chartres de visiter les châteaux de la Loire. Âgée de 18 ans, elle commence des études d'histoire de l'art à l'université catholique de Louvain. Sans même que nous en ayons décidé, nous poursuivons notre visite de concert. Férue d'architecture et d'art médiéval, elle commente, me sert de guide érudit. Le dîner avalé à l'auberge de jeunesse, nous allons nous promener tous deux au bord de l'Eure. Nous marchons maintenant épaule contre épaule, nous asseyons côte à côte sur le parapet du quai, devisons, pas vraiment tendres mais déjà un peu plus qu'amicaux. Du chemin depuis la cathédrale ! C'est décidé, nous partirons ensemble en auto-stop demain matin. Elle hésitait à se lancer seule, je suis le bienvenu. Je lui propose de faire une première étape à Loches, dans le sud de la Touraine, puis de visiter les autres sites en revenant vers Tours, Langeais, Chenonceaux, Blois, Chambord. Nous dormirons à l'AJ. Mes pronostics se vérifient, les voitures s'arrêtent sans se faire prier, nous sommes bientôt rendus dans la cité du roi Louis XI. Allons porter nos sacs à l'auberge, nous serons plus libres pour visiter ! Las, catastrophe, il n'y a pas d'AJ à Loches, il n'y en a jamais eu ! Que faire ? « Bien sûr, j'ai une tente, on peut camper si tu veux ? » Soyons franc, je suis un enfant de la région, le Petit-Pressigny est à moins de vingt kilomètres de là. Jamais je n'avais pensé qu'il y eût une AJ à Loches. Elle n'hésite pas longtemps et trouve que c'est là une excellente idée. Nous visitons quand même le domaine royal mais je n'ai pas trop la tête au cardinal Jean de La Balue et à son triste sort. Elle non plus, à ce qu'il me semble. En fin d'après-midi, après avoir fait quelques courses alimentaires, nous empruntons un chemin qui, à travers prés, mène vers une ferme en lisière de bois, avec une fontaine à proximité. L'agriculteur propriétaire des lieux accepte sans se faire prier que nous montions ma petite tente canadienne, cadeau de mon père, dans l'une de ses prairies à l'herbe fraîche et grasse d'avril. Le sol est couvert de boutons-d'or, coucous et fleurs de pissenlit dont le tapis d'un jaune intense est constellé aussi, près de la forêt, de violettes et de pensées aux teintes allant du rose au violet profond et au bleu marine. Le paysan notre hôte est sans doute amusé et touché de ce couple si jeune, il nous offre un pichet de vin et des œufs que je fais cuire à la coque sur un réchaud à essence. Je suis équipé. En cette saison, le froid tombe vite après le dîner, nous plaçons un duvet sur nos épaules, serrés l'un contre l'autre. Elle tremble, moi aussi. Nous parlons peu, intimidés tous deux. Nous attendons d'être recouverts d'un voile épais d'obscurité pour entrer dans la tente et nous y allonger tout habillés encore. Quoique mon aînée, elle n'a pas plus d'expérience que moi, nous ne savons trop que faire. On tâtonne, on finit bien par trouver maladroitement le mode d'emploi. Ça nous plaît, on s'enhardit, on s'améliore. Le dimanche matin, nous sommes encore endormis, passablement épuisés alors que le jour est déjà levé. Les cloches de Pâques sonnent à toute volée, elles nous réveillent. Nous sortons nos têtes ébahies hors de la tente, nos corps apaisés et las s'effleurent sous nos duvets étalés. Le chant d'un merle nous accueille et nous fête, les rayons du soleil bas font étinceler les gouttelettes de la rosée du matin sur les pétales de pensées fraîchement écloses. Une belle journée s'annonce. Elle débutera pour elle par la grand-messe pascale. Christ est ressuscité, la vie flamboie.

Chemins pavés et matraques

En première au lycée Buffon, maintenant perdu pour la foi mais certes pas pour l'engagement, je me pose la question de sa forme. Mon indécision est à vrai dire brève, mon choix est logique et biaisé. On pense à gauche, chez moi, même maman qui vient pourtant de la droite nationaliste du colonel de La Rocque. L'humanisme chrétien est très marqué par les Évangiles, en particulier les béatitudes du sermon sur la montagne : « Heureux les pauvres de cœur car le royaume des cieux est à eux » (Matthieu 5, 3-12). Ma culture religieuse est solide et j'ai bien conscience de ce que les « pauvres de cœur » que Jésus évoque selon Matthieu sont les pauvres volontaires plus vraisemblablement que les simples d'esprit cités par ailleurs. Or, ce n'est pas pour les nouveaux adeptes du *povere* saint François que j'ai le désir de me battre, mais pour tous ceux qui cherchent à sortir de la pauvreté. La dénonciation des riches par Jésus est quant à elle sans ambiguïté : « Folie est l'attitude du riche qui amasse des richesses pour lui et non pour la parole de Dieu » (Luc 12, 18) ; « Comme il sera difficile à ceux qui possèdent des richesses de pénétrer dans le royaume de Dieu » (Luc 18, 24), avertit Jésus. « En effet, il est plus facile à un chameau de passer par un trou d'aiguille qu'à un riche d'entrer au royaume de Dieu » (Luc 18, 25) ; « Vous ne pouvez servir Dieu et l'argent » (Luc 16, 13), car l'argent est un faux dieu, le servir est idolâtrie. Même sans influence familiale, le penchant à gauche d'un chrétien qui a perdu la foi est en définitive dans l'ordre des choses. Et puis, lorsque mon pays colonisateur canonne des peuples colonisés, comment un chrétien même ancien pourrait-il hésiter à prendre leur défense ? Va par conséquent pour la gauche. Ce sera durant quelques mois le tout jeune Parti socialiste unifié, que je juge assez folklorique, puis bien vite les Jeunesses communistes et le PCF. À 16 ans, juste un de plus que mon père Jean lorsqu'il adhéra à la section française de l'Internationale communiste[1]. Nous sommes maintenant à l'automne 1961, durant le premier trimestre de ma classe de terminale. La guerre d'Algérie – elle est devenue une guerre – touche à sa fin dans un paroxysme de violence, l'OAS se déchaîne. Ses attentats se multiplient, en Algérie et en métropole, à Paris même. Le FLN, mouvement armé autonomiste algérien, réplique, il appelle à manifester le 17 octobre. Olivier et moi habitons avec maman porte de Versailles, juste en face du Palais des sports nouvellement construit. Nous sommes aux premières loges pour observer la noria de cars de police et d'autobus réquisitionnés qui y amènent par milliers des manifestants ayant

1. Axel Kahn, *Jean, un homme hors du temps* [Stock, 2017], Le Livre de Poche, 2019.

répondu à l'appel du FLN. Jean-François est journaliste, il nous apprend que la police a jeté des dizaines d'Algériens vivants et morts dans la Seine. Il y aura en fait plus de cent morts dont les corps seront retrouvés dans le fleuve en aval de Paris, jusqu'à Rouen. Mon sang bouillonne, je suis indigné, horrifié.

Jeune responsable communiste, je suis enrôlé dans les équipes mobiles chargées de préparer les manifestations de rue, toutes interdites. La tâche consiste à repérer les concentrations policières de différents corps, police parisienne – la plus brutale –, gendarmes mobiles et CRS. Les informations sont communiquées par talkie-walkie à un centre organisateur qui décide tardivement du ou des lieux de rassemblement et les répercute à diverses concentrations militantes prépositionnées dans les environs du lieu choisi et rendu public dans l'appel à manifester. Ce travail me convient. Marcheur véloce, pratiquant de la course à pied de demi-fond puis de fond, j'aime l'excitation de ce simulacre d'action clandestine. Les syndicats et partis de gauche n'ont guère réagi à l'horrible massacre du 17 octobre. Cependant, le bruit court que les négociations de paix entre la France et le FLN sont interrompues, les attentats de l'OAS se multiplient. En réaction, le mouvement politique et syndical opposé à la guerre appelle le 19 décembre à un arrêt de travail et à des manifestations. Les deux mots d'ordre en sont : « La paix en Algérie » et « L'OAS ne passera pas ». Le cortège prévoyait d'aller de la Bastille à la place de l'Hôtel-de-Ville, mais la manifestation a bien entendu été interdite. Après les repérages de l'après-midi, mon groupe se trouve aux environs du square Trousseau. Au signal, à 18 heures environ, nous devons nous porter à l'angle de la rue du Faubourg-Saint-Antoine et de l'avenue Ledru-Rollin, et tenter de défiler un moment vers la place de la Bastille où sont concentrées des forces de l'ordre nombreuses, afin de récupérer tous les isolés venus là selon les indications de l'appel. Ensuite, il nous faudra tenter de dégager vers le nord par la rue de Charonne pour rejoindre l'avenue Ledru-Rollin et la continuer dans la même direction. D'autres cortèges sont censés nous rejoindre à ce niveau. L'accès à la Bastille par la rue du Faubourg-Saint-Antoine est, comme attendu, barré par des cordons de gendarmes mobiles ; des brigades volantes de la préfecture de police interviennent sans tarder. Les premières charges de la police parisienne débutent juste à hauteur de la rue de Charonne, violentes. Les policiers casqués sont armés de leurs redoutables « bidules », de longues matraques en bois dur de près d'un mètre et de quatre centimètres de diamètre, qu'ils font tournoyer devant eux et au-dessus de leurs têtes. C'est tout de suite la débandade, chacun ne voit son salut que dans la course la plus effrénée. Certains se réfugient dans des cours, où ils sont ensuite cueillis. Emmenés par les paniers à salade dans différents centres de regroupement, ils subissent parfois un interrogatoire rapide, d'autres fois, non. Tous sont libérés au petit matin et rentrent chez eux à pied dans le froid, penauds. Les moins chanceux sont rattrapés à la course, gênés par ceux qui les précèdent, un peu poussifs. Ce jour-là, je suis le témoin de peu d'affrontements réels, des manifestants en fuite sont fauchés par les charges policières, leur cuir chevelu éclaté par les matraques, le sang dégouline sur leur visage. Mon agilité juvénile me préserve des blessures comme du ramassage, mais le bilan est ce soir-là très lourd : des centaines de blessés, certains estropiés, plus d'un millier d'arrestations sur la quarantaine de milliers de manifestants à défiler dispersés ce jour. Beaucoup d'entre nous ont fait une observation appelée à avoir d'importantes conséquences : quelques groupes de jeunes se sont un peu battus pour couvrir leur retraite, ils ont en général été épargnés.

Le début de l'année 1962 est terrible, un commando OAS se déchaîne en région parisienne, les plasticages se multiplient : sont visés le siège du Parti communiste, Jean-Paul Sartre, vingt et une cibles lors de la « nuit bleue » du 24 janvier. Et dix de plus durant l'après-midi du 7 février. Là, la femme d'un sénateur communiste, l'écrivain Vladimir Pozner et d'autres sont sérieusement blessés. Surtout, l'attentat contre le domicile d'André Malraux à Boulogne-Billancourt défigure une petite fille de 4 ans et demi, Delphine Renard. Elle perdra la vue. Son visage ensanglanté sera à la une de l'hebdomadaire *Paris Match* et fera perdre à l'OAS ce qu'elle pouvait conserver de soutiens de droite dans le pays. Le Parti communiste et la CGT veulent réagir vite et décident d'appeler à une manifestation le soir même du 8 ; ils sont rejoints par la plupart des membres du collectif à l'origine de l'appel du 19 décembre. Les organisateurs convoquent les manifestants pour un rassemblement statique à 18 h 30, place de la Bastille. Il est néanmoins interdit, on passera bien entendu outre.

Branle-bas de combat, le jeune arpenteur de pavés est cette fois en mobylette ; comme une escouade d'autres jeunes militants, je sillonne inlassablement un vaste quadrilatère autour de la Bastille, depuis le Quartier latin et la gare de Lyon au sud, vers le carrefour Charonne-Voltaire à l'est, le carrefour Oberkampf-Richard-Lenoir au nord et la Bourse à l'ouest. Les préparatifs de concentrations policières vers les quartiers de la Bourse et du Palais-Royal sont considérables, il ne faut pas penser pouvoir s'y réunir. Les dirigeants informés de nos observations en temps réel convoquent en début d'après-midi les manifestants en différents points d'un cercle entourant la place de la Bastille : la rue Saint-Antoine à l'ouest, la station de métro Sully-Morland au sud, Ledru-Rollin et gare de Lyon au sud-est, et Filles-du-Calvaire, au nord. Le mot d'ordre est de converger en cinq cortèges vers la Bastille jusqu'à être bloqués par les cordons de forces de l'ordre. Là, de lire le communiqué commun des organisateurs, centré sur une dénonciation des crimes de l'OAS, de rester une dizaine de minutes à crier des slogans, puis de se disperser sans violence. Je suis pour ma part dans le groupe qui s'ébranle à 18 h 30 depuis la station Sully-Morland. Comme attendu, nous nous heurtons tout de suite à des cordons de forces de l'ordre et commençons à manifester de manière statique, à crier nos slogans. Cela dure peu car, comme le 19 décembre, nous sommes attaqués par des brigades de la compagnie spéciale d'intervention de la préfecture de police, qui a reçu l'ordre de disperser les groupes à tout prix. La foule de quelques milliers de personnes à cet endroit s'éparpille dans les rues et reflue vers le boulevard Saint-Michel et le Quartier latin où nous sommes à nouveau bloqués. Cette fois, instruits par les événements de la précédente manifestation, des jeunes et des syndicalistes aguerris couvrent la retraite et cassent les charges de police en jetant des projectiles divers. Ils ébauchent même parfois des contre-charges, protégés par des couvercles de poubelles et armés de solides bâtons apportés en guise de hampes de banderoles. Rien de tel à l'observation pour refroidir l'agressivité des policiers. Pour eux, la règle du jeu est de charger les manifestants, certes pas de l'être, la stratégie de la défense active est assez dissuasive. Peu de bobos en cette première phase, au total. Avec d'autres manifestants de tous âges, nous décidons de rejoindre le gros des troupes plus au nord, en repassant sur la rive droite par le pont d'Austerlitz, contre toute attente libre d'accès, puis le boulevard Diderot, les rues de Chaligny, Jules-Vallès, et enfin la rue de Charonne à proximité du boulevard Voltaire. Là, c'est chaud. Les manifestants résistent, contre-attaquent, j'assiste à une série de combats singuliers entre des policiers armés de leurs bidules et des protestataires remontés et assez bien équipés eux aussi. Avec d'autres, nous protégeons la retraite de nos intrépides camarades en accablant de planches et de cailloux d'un chantier voisin les policiers venus à la rescousse de leurs collègues accrochés. Nous reculons en bon ordre, le front n'est pas rompu, là encore les dégâts humains seront minimes.

Le drame se produit tout à côté, au nord de la concentration policière qui occupe le boulevard

Voltaire entre le carrefour avec la rue de Charonne et la place de la Nation. Je n'en suis pas le témoin direct et en apprends les détails par des camarades qui en ont réchappé. Le boulevard est barré, des manifestants commencent à se disperser, ils font demi-tour en direction de la place Léon-Blum et se dirigent vers le métro Charonne ; la station est ouverte. Du barrage policier sort alors une brigade d'intervention, elle charge les manifestants par-derrière, ils tombent en masse. Certains m'ont dit que d'autres forces de l'ordre auraient débouché à hauteur de l'impasse Bon-Secours et de la cité de Phalsbourg, coupant la retraite. Je ne sais. Quoi qu'il en soit, une masse de personnes affolées s'engouffre dans l'escalier de la station Charonne, elles suffoquent dans une fumée épaisse de gaz lacrymogènes. La cohue est telle que l'on tombe les uns sur les autres et que des corps affalés s'amoncellent bientôt dans les escaliers et jusqu'au niveau des guichets, ils bloquent ceux qui arrivent encore. Enfin, les policiers qui ont chargé parviennent à la station. Ils ne s'arrêtent pas. Certains descellent des grilles d'arbre, récupèrent des fragments arrachés de grilles de métro et les jettent du haut des marches sur les corps entassés. Ils les pilonnent à l'aide de leurs bidules comme on foule du raisin dans le cuvier, ils font jaillir le sang qui, sans doute, les enivre. Ils redoublent d'ardeur. Je ne rentre chez nous qu'à 22 heures passées, la soirée a été chaude, je ne sais pas encore qu'elle a été dramatique. Huit militants communistes et syndicalistes de la CGT sont morts à la station Charonne, un neuvième mourra plus tard. Je me sens accablé, ai l'impression que des amis proches, des sœurs et des frères, ont été assassinés. Ils l'ont été, en fait. Au-delà de cette rage douloureuse, je tire une leçon définitive de ces événements : parfois, la fuite permet certes d'éviter le danger, je ne me suis jamais privé de mettre à profit mon entraînement sportif pour échapper aux charges policières. Cependant, lorsque le danger est vraiment là, y faire face, ne plus fuir, se battre, résister est alors la moins périlleuse des attitudes. Les manifestants de Mai 68 ne l'oublieront pas. Moi non plus, même dans de tout autres contextes que les manifestations publiques interdites et réprimées.

Je dirige alors le cercle des Jeunesses communistes de mon lycée et lance le 9 février la consigne de porter un brassard noir et d'interrompre tous les cours à partir de 14 heures. La consigne est respectée à la lettre, les rares classes aux professeurs récalcitrants sont envahies. Les lycéens se réunissent avec la grande majorité des enseignants présents dans la cour du lycée, pleine à craquer. Un silence de mort. Je contiens mes sanglots mais ne peux retenir mes larmes, elles coulent à flots. Je ne suis pas le seul à pleurer, la peine est communicative, des professeurs s'y mettent, le chagrin partagé est immense. Le 13, les obsèques d'une partie des victimes dans la concession du Parti communiste au cimetière du Père-Lachaise sont prévues dans l'après-midi, un arrêt de travail a été décrété par tous les syndicats de salariés, il est massivement suivi en région parisienne. J'ai organisé un piquet de grève devant l'entrée du lycée, il interdit toute entrée dans l'établissement. Des élèves de classes préparatoires tentent de passer outre, ils en sont fermement dissuadés. Le proviseur sort du lycée, soucieux de faire respecter, nous dit-il, la liberté d'étudier et de travailler. Je l'empoigne sans violence mais avec fermeté par les épaules, lui fais faire demi-tour et, sans rien dire, accompagné par d'autres participants au piquet de grève, le reconduis manu militari dans son établissement. Je me rappelle, des mois après, l'ahurissement de cet homme lorsqu'il me reçoit dans son bureau pour boire le thé et partager une part de gâteau : j'ai été primé au concours général et telle est la tradition. Quoi, pense-t-il sans doute, le bon élève qui fait honneur à Buffon n'est autre que l'activiste rouge dont il conserve un vif souvenir ! Certaines de ses catégories s'effondrent, je m'en amuse avec discrétion. Le cortège funéraire est gigantesque, de la place de la République au Père-Lachaise. La place est noire de monde, les avenues qui y aboutissent aussi. Je ne commence à avancer qu'à 17 heures, après trois heures d'attente. Il est 19 heures passées lorsque je peux défiler devant les cercueils. Le plus grand rassemblement populaire auquel j'ai participé (avant celui, sur le même trajet, du 11 janvier 2015 en l'honneur des victimes du terrorisme islamiste tombées à la rédaction du journal *Charlie Hebdo*, dans un magasin juif et en divers autres lieux). J'ai, chemin faisant, connu en peu de temps une triple perte, celle de ma foi chrétienne, de mon innocence sexuelle et aussi de mon innocence politique. Peut-être suis-je maintenant mieux armé pour poursuivre ma route ?

Vires et gorges à 20 ans

La route de mes 20 ans est celle du début de mes études de médecine, de l'action politique et, chaque fois que possible, des chemins. Maintenant grand utilisateur des auberges de jeunesse, j'en suis même, à la suite d'un stage, devenu animateur, « père aubergiste » comme on dit. Durant un mois, j'accueille les ajistes, dans les Pyrénées, et à Lannion dans les Côtes-du-Nord[1]. Je ne manque jamais de leur proposer des excursions d'une journée, vers le col du Tourmalet ou la côte de Granit rose. En juillet 1964, je descends par étapes en scooter jusqu'à la Côte d'Azur : je dois rencontrer des responsables du mouvement des auberges de jeunesse dans l'AJ du Trayas qui surplombe la côte de l'Estérel. Chaque fois que cela en vaut la peine, je pose mon engin et je marche. Trois jours dans le massif de la Chartreuse de Grenoble aux abords de Chambéry par le col du Coq, le pied de la dent de Crolles et les rochers de Fouda-Blanc, avant d'arriver au col de l'Alpette. Les rhododendrons sont en fleur, les orchis tachetés abondent

1. Ancien nom des Côtes-d'Armor.

dans les petites prairies herbeuses où je bivouaque, au pied des parois calcaires presque blanches. Le trajet est par endroits impressionnant. Une faille ne me permet pas de passer avec mon sac à dos, je dois d'abord le faire descendre attaché à une bonne ficelle que j'ai heureusement avec moi. Plus au nord, en arrivant au Fouda-Blanc, je me rappelle m'être engagé sur une longue vire, un « sangle » dit-on en Chartreuse, de quelques dizaines de centimètres de large à flanc de falaise. Jean, mon père, a toujours estimé que seuls quelques élus pouvaient s'engager sur le chemin étroit et malaisé d'une vie satisfaisante. Entre ciel et terre sur ce sangle, j'aurais dû en principe y puiser à 20 ans de rassurants indices de mon élection. Je n'ai souvenir de rien de tel en fait, juste du frisson délectable suscité par la beauté et que le danger rend plus mérité encore. Quelques jours après, je pose mon sac à l'AJ de Castellane dans les Basses-Alpes[1]. De là, accompagné du père aubergiste de l'endroit, je parcours les sentiers au fond du grand canyon du Verdon, en direction de La Palud. Depuis le Point-Sublime, déjà très touristique à l'époque, mon guide me conduit vers la rivière encore minuscule d'ici, d'un vert émeraude qui lui a donné son nom. De la journée, nous ne rencontrerons plus personne, ce qui renforce sans doute l'impression laissée par cette balade. Le sentier Martel (GR 4) nous fait passer par un long tunnel où la lampe torche est indispensable, un accès initiatique à un univers clos, différent, éblouissant et vite torride. De petits

1. Ancien nom des Alpes-de-Haute-Provence.

arbres obstinés sont accrochés à la pente rocheuse comme ciselée, la pierre est par endroits si claire que sa réverbération éblouit, ailleurs décorée d'un lichen pourpre, ocre, parfois mordoré sous l'effet des rayons du soleil qui ont tracé leur chemin dans le canyon. Des blocs barrent le sentier ; les contourner, parfois les escalader, donne accès à un tout autre spectacle, celui d'une petite plage de gravier ou de galets polis en bordure d'un bassin d'eau, cette fois turquoise, qui reprend son souffle entre deux tourbillons. On s'y rafraîchit, on s'asperge avec délices. Le ciel, tout là-haut, n'est plus qu'une bande d'un bleu tendre qui déchire les murailles du canyon. Une passerelle permet alors de franchir le Verdon où se prolonge, en rive gauche, le sentier de l'Imbut. Le décor se modifie encore, la végétation ne trouve plus sa place au bord d'une vire taillée dans la roche près du « Maugué », le mauvais gué. Des statues de pierre d'un gris léger, lissées et creusées, ménagent parfois un accès à une baignoire naturelle, bienfaisante. La fantasmagorie de cette impressionnante collection de sculptures immémoriales et pourtant d'allure moderne que les furies régulières du Verdon ont façonnées et inlassablement polies s'exacerbe en parvenant au Styx. Elle est fascinante, envoûtante, presque intimiste plus qu'effrayante, cette frontière des Enfers, une orfèvrerie de gorges dans la gorge. Hélas, le chemin s'interrompt, il faut remonter par une sente abrupte et à peine tracée dans la paroi. Plus jamais je ne retournerai en ces lieux dont l'image marque dans mon esprit l'accès à mes 20 ans.

Les flammes et la blonde de l'Estérel

L'AJ du Trayas est sur les hauts du village, en bordure de la forêt de pins et de chênes-lièges, elle-même entourée de ces essences. La rencontre de responsables du mouvement ajiste pour laquelle je suis là ne débute en principe que dans trois jours. Je profite d'abord de ce délai pour tâter de la Méditerranée dans l'une des calanques de porphyre dentelé que la course du soleil fait apparaître rose bleuté le matin, rouge vif en plein midi, et que le soir embrase d'orange et de mauve. Ces plaisirs maritimes doivent cependant pour moi être brefs, et dès le second jour je me dirige plein nord à l'intérieur du massif de l'Estérel desséché, brûlé par trois mois d'un soleil inexorable. Le maquis diffuse dès tôt le matin une odeur puissante, enivrante, dans laquelle on repère des effluves de thym et de romarin. Des cistes fleuris de différentes espèces blancs ou roses ont vaillamment résisté à la sécheresse et leurs taches colorées égaient le maquis ras entre les buissons de genévriers. Les asphodèles sont en revanche grillés. Les pentes restent garnies de boqueteaux de pins et de chênes. Je me dirige par le col Notre-Dame vers le pic et la dent de l'Ours et reviens par les sommets des Petites et des Grosses Grues. Le paysage depuis le pic de l'Ours facilement accessible est superbe. On est à peu de distance des calanques, entre la pointe de l'Esquillon et celle du Cap-Roux, mais la vue embrasse plus loin la baie de Cannes et le cap d'Antibes. Le Mercantour encore un peu enneigé se distingue aisément au nord-est en cette atmosphère sèche et limpide, totalement dégagée par un mistral qui se renforce. Le mont Vinaigre se devine à l'ouest, derrière les autres sommets de l'Estérel. À portée de la main, la bien nommée dent de l'Ours, monolithe de lave amarante, précède une série de denticules rougeâtres qui hérissent la crête. C'est une succession d'arêtes, de petits pics rougeoyants qui dépassent d'une végétation allant du vert tendre aux tonalités plus sombres des pins, entrecoupée de vallées fuyantes. Le chemin de retour est en balcon sur la Méditerranée, le vent se renforce, il me déséquilibre parfois et apporte avec lui une odeur caractéristique de pins et de maquis brûlés. Du sommet des Grosses Grues je vois une fumée dense qui vient de l'ouest et qui commence à voiler le ciel jusqu'alors immaculé. Je hâte le pas, mais le mistral maintenant déchaîné me devance sans peine, les flammes atteignent à présent la mer vers le Cap-Roux. L'AJ est déjà recouverte d'un léger voile de fumée auquel les bourrasques ajoutent couche après couche. Bientôt des volutes gris foncé semblent fondre sur nous, les yeux nous piquent, la gorge nous gratte, nous toussons. Il doit y avoir une cinquantaine d'ajistes en cette fin d'après-midi, bientôt rejoints par un nombre équivalent de militaires envoyés en renfort. Les premiers camions qui parviennent jusqu'à nous sont surpris par l'embrasement soudain de pins du côté aval de la route, un grand arbre brûle bientôt comme une torche en bordure du terre-plein situé devant l'auberge, une grande villa de deux étages.

C'est alors qu'elle apparaît, fine silhouette juste vêtue d'un débardeur court, orange et jaune, enfilé au-dessus de son maillot de bain deux-pièces. Elle remonte de la plage avec son amie aussi brune qu'elle est blonde lorsque d'abord la fumée, puis maintenant les flammes, les surprennent. L'embrasement du pin, aussitôt accompagné d'une pluie de flammèches et d'aiguilles de pin incandescentes arrachées par les rafales de vent, les affole, elles ne savent que faire : reculer devant cette pyrotechnie sauvage qui vient de se déclencher à leur arrivée, faire demi-tour pour aller vite se réfugier sur la côte ? Sans garantie, cependant : la route se perd maintenant dans la fumée. Passer sous la cascade embrasée qui les sépare de l'auberge ? Elles hésitent, les soldats se sont déployés de l'autre côté du bâtiment face à la forêt et au maquis afin de créer un coupe-feu. Je suis par hasard là, occupé à mettre mon scooter à l'abri dans un local en pierre. Laissant tout tomber, je me précipite, les prends chacune par la main et les prie de courir avec moi vers l'auberge. Elle au moins sera activement protégée, les renforts arrivés offrent plus de sécurité que toute autre solution. Je n'aurai plus l'occasion jusqu'au lendemain de revoir les deux filles avec lesquelles j'ai à peine échangé deux phrases. Nous sommes tous mobilisés pour éviter la propagation de l'incendie à l'auberge, notre seul refuge. Le camion-citerne monté avec la troupe est vite à sec. Les soldats vont au plus près de la ligne mouvante de l'incendie, qu'ils tentent de stopper manuellement avec de larges battes à feu tandis que les ajistes s'occupent derrière eux à ratisser le terrain, à arracher et à déblayer tout ce qui est inflammable, à éteindre promptement les herbes sèches qui se sont enflammées. Parfois, ils font la chaîne pour passer des seaux d'eau avant que son approvisionnement ne s'interrompe vers minuit. Vers 1 heure, le mistral s'intensifie et devient tournoyant, il rabat de fines franges de feu vers la maison qui résiste. Cependant nous avons tous conscience de ce que, si le vent ne s'apaise pas, la situation risque de devenir critique, voire incontrôlable. Vers 3 heures, heureusement, l'accalmie tant souhaitée se dessine, le mistral s'assagit et devient plus régulier. L'incendie semble s'éloigner. Au lever du jour, tout danger apparaît écarté, il n'y a plus qu'à surveiller encore les foyers ; soldats et ajistes en profitent, réunis, pour s'offrir un moment de détente et de repos. Un solide petit déjeuner partagé accroît le sentiment exaltant de sympathie, de proximité entre des personnes qui ont ensemble couru un danger, lutté solidaires, côte à côte, chacun comptant sur l'autre et confiant en sa détermination. Dans tous les conflits, dans toutes les épreuves, c'est là un ciment puissant de l'esprit de corps ou d'équipe, un ressort du sentiment de fraternité qui s'installe.

Les deux filles à qui j'ai la veille au soir fait franchir la cascade incandescente ne méritent certes pas d'être exclues de cette chaude affection qui réunit les combattants du feu. Remises de leurs émotions, elles ont pris leur part dans la protection de l'auberge. De plus, la blonde m'apparaît incroyablement belle, émouvante, son image reste d'une très grande précision en ma mémoire. Grande et mince, des formes juvéniles triomphantes, ses cheveux très blonds et coupés court encadrent le visage d'une madone de Raphaël. Ses yeux d'un bleu-gris très doux semblent émettre des ondes dont je serais l'antenne réceptrice. Un très léger sourire achève de balayer chez moi toute trace de fatigue, remplacée par une sorte d'exaltation enivrante. Je la juge incroyable, cette fille, miraculeuse, presque irréelle. En ce qui me concerne, l'incendie reprend de plus belle, je puis en être consumé. L'épisode de la veille est une excellente entrée en matière, nous nous présentons. Elle a 18 ans et passe avec son amie des vacances dans l'auberge de jeunesse du Trayas, compatibles avec leurs petits moyens financiers. Une relation qui émerge du cataclysme que fut le grand incendie du massif de l'Estérel en 1964, l'éclatante beauté entourée de flammes, la chaleur du brasier, cette histoire ne pouvait être banale. Elle ne le fut pas. Nous fîmes un bon bout de chemin, tous deux, parcourant main dans la main les campagnes et les villes d'Allemagne, du Liechtenstein, d'Autriche, de Suisse, d'Angleterre. Nous aurions pu aussi poursuivre notre route dans un avenir partagé que nous avions commencé à envisager, nous l'avions décidé et nous nous considérions comme fiancés. Les sentiers de l'existence sont, comme ceux de la montagne, souvent incertains, imprévisibles. À une bifurcation, chacun continua de son côté.

Mussy, des girolles et des dieux

J'ai dû parcourir, à cheval et à pied, des milliers de kilomètres dans les bois et les vallées autour de Mussy-sur-Seine, principal berceau de ma famille[1]. La forêt s'y étale sur quatre départements de Champagne et de Bourgogne (Aube, Haute-Marne, Côte-d'Or, Yonne), elle est giboyeuse et les champignons y poussent en quantité, morilles, girolles, puis trompettes-de-la-mort et truffes de Bourgogne selon la saison, certaines années des cèpes. Au fil des ans, il n'est plus un chemin, un vallon, une source qui me soit demeuré étranger. La densité de population est partout très faible, si bien que le cavalier aussi bien que le marcheur parcourent trente à quarante kilomètres sans rencontrer âme qui vive, excepté durant la dangereuse période de la chasse. Des rivières toutes encore sauvages – la toute jeune Seine et ses affluents près de Mussy, l'Ource, la Laigne, la Sarce, l'Arce – entaillent les coteaux et les plateaux. Des abbayes cisterciennes sont blotties dans un dense réseau de vallées aux rebords souvent escarpés,

1. Axel Kahn, *Jean, un homme hors du temps*, *op. cit.*

d'anciennes places fortes celtes et des commanderies templières occupent le sommet de buttes. Lacs et étangs naturels ou artificiels décorent le paysage, des piscicultures s'y sont installées. En Champagne, la vigne est maîtresse sur les coteaux bien exposés, la forêt presque sans partage ailleurs. Le terrain est si vallonné que certains itinéraires permettent d'entretenir la forme pour les randonnées à venir en montagne. Je ne connais pas de saison décevante pour les amoureux de la nature, en ces lieux. Les pas qui crissent dans le givre couvrant les chemins gelés, qui s'enfoncent dans la neige, les cristaux de glace transformant le moindre brin d'herbe, la moindre brindille, en bijou étincelant, le froid mordant la peau du visage et emplissant les yeux de larmes prêtes à se figer, tout, l'hiver, emplit le marcheur emmitouflé d'une sensation de plénitude délicieuse. Il découvre à l'orée du bois les cadoles – abris de vignerons coniques en pierres sèches – et, au-delà, devine dans la brume les squelettes torturés des vignes décharnées, des images de la permanence d'un monde rude. Et puis, dès février, la vie palpite, elle va exploser. La mousse reverdit, les premières fleurs apparaissent. Ce sont d'abord, entre de petits névés persistants, les élégantes clochettes blanches des nivéoles aux six pétales à l'extrémité pointue baguée de jaune citrin. Les premières et encore timides pervenches, les violettes des bois, les frêles polygales qui émergent des feuilles mortes, les scilles à deux feuilles ajoutent une touche bleu tendre. La couronne d'anthères d'un jaune vif donne un cœur éclatant au centre des six pétales violets des anémones pulsatilles. Les innombrables pieds de jonquilles d'un vert soutenu aux reflets bleutés sont apparus en même temps que les nivéoles, ils éclosent début ou mi-mars. C'est alors un tapis jaune éclatant qui couvre le fond des vallons et la pente des collines et coteaux, comme un soleil ardent qui du sol illuminerait la forêt par tout temps. Viennent maintenant les blanches anémones forestières, les narcisses, bientôt le muguet qui embaume le bois. Les bourgeons ont éclos, hêtres, chênes, charmes, bouleaux, noisetiers et autres essences ont revêtu leur robe printanière, c'est une symphonie de verts aux nuances multiples. Réveillées brusquement, les asperges des bois grimpent presque à vue d'œil vers la lumière avant que le couvert des feuilles ne l'obscurcisse trop. Les ancolies délicates sont maintenant à la fête, les orchis de différents types bordent les chemins. L'amateur d'orchidées sera bouleversé chaque fois par l'ingéniosité biomimétique des ophrys abeille, bourdon, mouche, dont la survie dépend de leur habileté à imiter les femelles de ces espèces. L'été est maintenant venu, la forêt est trop sombre pour qu'y poussent les fleurs qui se sont réfugiées, innombrables, au bord des voies tracées – les « sommières » dit-on en Champagne –, dans les prairies et les clairières. En novembre, la terre est devenue collante, les lourdes bottes de chasse s'y enfoncent, les arbres s'épuisent avant leur sommeil hivernal en une ultime parade pourpre. En toute saison, les animaux sont présents, ils honorent le promeneur presque à chaque sortie. Souvent en groupe, les chevreuils observent, puis s'enfuient, insolents, par bonds prodigieux, agitant leurs ravissants petits derrières blancs. Des renards dédaigneux, la queue touffue dressée, s'éloignent sans se presser. Une compagnie de sangliers, son mâle puissant, ses laies attentives, ses jeunes adultes, s'intéressent plus aux jeux des petits qu'aux promeneurs désarmés. Parfois, ceux-ci sont même priés de se garer sur le bord du sentier pour laisser passer la course effrénée de marcassins ludiques revêtus de leurs livrées rayées. Vite, une marte s'esquive, une minuscule belette entre dans son terrier, le blaireau n'en sort hélas pas de jour. Parfois, au petit matin, on a la chance d'apercevoir un groupe de jeunes cerfs, des daguets, voire, de façon exceptionnelle, un grand mâle dont les bois ramifiés, cors et andouillers, se sont pris dans les broussailles. La forêt est un monde différent, parfois étrange, où ma vie durant j'ai gagné à me replonger pour y puiser sérénité et confiance, pour y penser.

J'ai commencé à arpenter les chemins forestiers de ces lieux pour cueillir des champignons avec mon grand-oncle paternel Jacques et son épouse Simonne. Ils occupaient l'ancienne maison de mon arrière-grand-mère Mémé, demeure dont je suis aujourd'hui l'heureux héritier. La maison maternelle est à l'autre extrémité d'une belle allée de tilleuls, La Promenade. J'y passe en cette fin de juillet quelques jours au retour de l'un de mes périples et suis invité à dîner par Simonne et Jacques. Ils hébergent la fille d'un sculpteur célèbre de leurs amis et entendent me la présenter. Cette jeune femme est en instance de divorce d'un mariage qui n'a pas duré un an. Elle me fait face à table et m'offre de la sorte le spectacle d'un beau visage un peu carré aux cheveux blond-roux et aux yeux brun clair qui me scrutent avec une telle intensité que j'en suis presque intimidé. Ce sentiment se complète d'une réelle confusion lorsque je sens le pied nu hardi de la belle qui effleure ma jambe et ma cuisse. Je crois me rappeler que mes propos deviennent d'une singulière confusion, Simonne et Jacques s'inquiètent de mon teint carminé, de la légère sueur qu'ils devinent à la racine de mes cheveux. On est timide, à cet âge ! Je suis convié le lendemain à une séance de cueillette de champignons, il y a eu une belle poussée de girolles au début de la semaine. À mon départ, la jeune femme m'accompagne dans le jardin et me confie à l'oreille qu'elle n'a jamais su résister aux garçons aux yeux verts. En réalité, elle n'a pas à résister, elle mène la charge ! Nous voilà tous quatre réunis, le lendemain, direction le bois. Nous nous enfonçons en forêt par de bons chemins, puis par des sentes sinueuses tracées par le passage des animaux. L'odeur est prometteuse, il doit y avoir des champignons. De fait, ils sont là, au bord du sentier, souvent cachés en partie par la mousse au pied des hêtres, parfois par petits ronds de cornets aux bords plus ou moins rabattus et à lamelles épaisses, d'un jaune orangé, plus clairs dans les endroits secs. Leur odeur douce légèrement épicée fait venir l'eau à la bouche. En ce qui me concerne, la promesse d'un poulet aux girolles n'en est pas la seule raison. « Bon, les jeunes, chacun de son côté, décide Simonne. Vous à gauche, nous à droite, on s'appelle pour se retrouver. » Désobéir à Simonne est une épreuve que personne n'a jamais tentée, nous nous exécutons. Cependant, la dame et moi n'avons pas trop la tête aux champignons, nous échangeons quelques baisers, faisons halte pour un oui ou pour un non, nous adossons aux arbres pour flirter, pour sentir la chaleur et l'émoi de nos corps. Notre panier est presque vide. Quoique lents et cueilleurs peu efficaces, nous débouchons néanmoins dans une petite clairière herbue et moussue qui me donne des idées. Je la regarde et constate avec satisfaction que les mêmes lui sont venues. Je crois bien qu'elle comme moi, nous n'y tenions plus. Nos ébats sont joyeux, généreux, nous restons allongés un moment, nous tenant par la main, écoutant les bruits de la forêt, le chant des oiseaux. Cependant, un pivert nous rappelle par trois coups brefs que nous ne sommes pas seuls, qu'on nous attend. Catastrophe, Simonne et Jacques nous voyant revenir après si longtemps le panier vide risquent fort de se faire des idées... vraies. Nous nous redressons de concert, et je n'en crois pas mes yeux ! Notre petite clairière est couverte de girolles, en bordure du bois, au milieu, dans les herbes, sous la mousse, partout. Étaient-elles déjà là à notre arrivée ? La force de notre brûlant désir nous aurait alors aveuglés ? Ou alors, notre ardeur les a-t-elle fait pousser, comme les fleurs éclatantes qui éclosent fécondées par le sperme de Robinson et de Vendredi dans les limbes du Pacifique[1] ? Aussitôt rhabillés, vite, vite, nous entreprenons une autre cueillette que celle du don de l'autre, le panier est vite plein, il déborde. Je m'égosille : « Jacques, Simonne, hou, hou, où êtes-vous ? — Par là, par là ! » Guidés

1. Michel Tournier, *Vendredi ou les Limbes du Pacifique*, Gallimard, 1967.

par la voix, nous les rejoignons, notre récolte dépasse la leur, sans peine. L'âge, sans doute. C'est de ce jour que, les voyant de la sorte bénies des dieux, j'ai gardé un goût si vif des amours sylvestres. D'ailleurs, en une autre circonstance au moins, elles confirmeront des années plus tard leur bénédiction. Entourés de grandes gentianes fleuries sur le mont Lozère, nous venons nous aussi de célébrer à notre manière la pulsion vitale qui vibre en ces lieux. Lorsque nos yeux quittent ceux de l'autre, ils s'arrêtent sur une liasse de billets qui repose près d'une pierre. Une somme conséquente sans aucun indice de son propriétaire. Personne dans le village que nous traverserons le lendemain n'a entendu parler de rien. Cadeau des dieux, cette fois encore.

Terres africaines, latérite et vies échouées

L'idée de passer mon service national actif dans les casernes, puis dans des hôpitaux militaires, ne me tente guère. Autant en profiter pour communier avec des aspects de la nature, pour me plonger dans des types de vie que j'aurais sans doute peu l'occasion de connaître sinon. Le moment venu, je décide par conséquent de servir en tant que médecin coopérant. Après un stage accéléré de médecine tropicale au Pharo de Marseille, l'heure du choix est venue. Deux des postes proposés sont « en brousse », tous deux en Afrique : l'un au bord du lac Tchad, l'autre en République centrafricaine, nom donné alors à la Centrafrique. Amoureux des arbres et de la forêt, je choisis le second. J'atterris à Bangui puis, trois jours après, emprunte le DC-3 d'Air Bangui, la compagnie nationale, vers le nord-est du pays. L'avion amène d'abord un groupe de touristes et de chasseurs au domaine de la Ouandja du très maurrassien « chevalier d'Orgeix », près de la frontière soudanaise. L'acteur Georges Marchal y passe alors une partie de l'année. Le lendemain matin, je suis seul avec l'équipage dans l'avion qui retourne à Bangui, via Bria, où je dois relever un médecin-capitaine. J'utiliserai plus pour me déplacer, durant mon séjour africain, l'avion et la Land Rover, le cas échéant le cheval, que mes jambes. Pourtant, toujours je suivrai les chemins, les pistes plutôt. C'est le cas en cette journée où je rejoins mon poste. En l'absence de contrôle aérien couvrant le territoire, les avions suivent eux aussi les pistes, volant assez bas pour ne pas les perdre de vue malgré la légère brume constante sous ces latitudes subéquatoriales. Le pilote se contente de couper les croisements. Il m'appelle dans le poste de pilotage et me propose de me donner un premier aperçu du paysage et de sa faune. Il perd de l'altitude, se détourne un moment pour survoler un troupeau d'éléphants, me montre un grand rassemblement de buffles, des antilopes cheval dans leur fuite bondissante. Dans un méandre de la rivière formant un petit lac, des hippopotames s'éclaboussent et prennent le frais. Il y a encore en cette fin des années 1960 une faune extraordinaire en République centrafricaine, paradis principal en Afrique francophone des amateurs d'animaux sauvages et des chasseurs. Le président Giscard d'Estaing en bénéficiera encore quelques années après. Enfin, le DC-3 dépose sur le petit aéroport de Bria son unique passager. Mon confrère capitaine m'accueille, il ne restera que deux jours avec moi pour me passer le relais. Me voici à pied d'œuvre.

Bria doit compter à l'époque une vingtaine de milliers d'habitants. Elle est la préfecture de la Haute-Kotto, territoire de 86600 mètres carrés dont je me retrouve médecin-chef, en réalité seul médecin.

C'est une cité poussiéreuse aux rues en terre battue, aux maisons basses en latérite couvertes de tôles. Seuls les notabilités, le préfet, le médecin et certains des rares Blancs résidant là bénéficient de maisons coloniales. Il n'y a ni électricité ni eau courante. La ville est bordée par la rivière Kotto, un affluent de l'Oubangui, que l'on franchit avec un bac en bois tracté par le passeur à l'aide d'un cordage tendu entre les deux rives. Nous sommes ici à la limite entre la savane arborisée plus au nord et la forêt subéquatoriale au sud. C'est aussi à ce niveau que s'est arrêtée la conquête peule au milieu et à la fin du XIXe siècle : la cavalerie des peuples peuls, musulmans et nomades, a buté sur la forêt dense, puis sur le colonisateur européen. Les Bandas constituent l'ethnie très prédominante de la Haute-Kotto. Leur langue, purement orale, dispose de peu de mots, elle utilise des périphrases pour désigner les objets : la table est le bois sur lequel on mange ; le banc ou la chaise celui sur lequel on s'assoit. Outre cette ethnie, les Peuls forment une petite minorité. Le commerce est tenu par des Arabes et des Portugais. La population blanche est très réduite : trois religieuses charmantes qui tiennent la maternité de l'hôpital, un jeune père blanc, le pasteur et son épouse, et enfin trois acheteurs de diamants, dont un jeune couple d'Israéliens sabras. Et moi, bien sûr. Des aventuriers passent aussi par là. L'Oubangui-Chari du temps de la colonisation était l'équivalent pour l'Afrique-Équatoriale française de Limoges en métropole, là où se retrouvaient les fonctionnaires les plus mal notés, où ils étaient mutés en sanction de fautes graves. Il en est toujours resté quelque chose, « Le Christ s'est arrêté en Oubangui », pourrait-on dire en paraphrasant *Le Christ s'est arrêté à Eboli* de Carlo Levi[1]. C'est en réalité bien plus vrai aujourd'hui que cela ne l'était dans les années qui ont suivi l'indépendance. Il n'empêche, des vies improbables s'y étaient échouées, parvenues à une sorte de cul-de-sac de leurs chemins. Elles méritent une brève galerie de portraits. Un guide de chasse installé dans l'est du pays était passeur à la frontière suisse durant la dernière guerre mondiale. Accusé d'avoir tué les membres d'une famille juive, il a été condamné à mort par contumace, puis oublié là. Un polytechnicien âgé entretient une jeune maîtresse en métropole. Durant neuf mois, il habite seul dans une case sans groupe électrogène, achète quelques diamants, les revend en France et passe les mois restants avec la jeune femme. Un missionnaire catholique parcourt les pistes dans une sorte de robuste camping-car de brousse. Les zones sillonnées sont presque désertes mais incroyablement giboyeuses. Il chasse, c'est la seule passion de sa vie. Repassant par Bria, il ne manque jamais de me réserver des morceaux de choix, du filet de buffle, du phacochère, de l'antilope. Une femme d'une trentaine d'années a elle aussi une existence nomade, je suis incapable de savoir ce dont elle vit mais devine bien qu'elle a déjà beaucoup vécu. Elle m'avoue être assez blasée de tout, poursuivre une quête incessante de sensations fortes. Dans la période où je la rencontre, elle plonge dans les rivières et, sous l'eau,

1. Carlo Levi, *Le Christ s'est arrêté à Eboli,* Gallimard, 1945.

éventre des crocodiles au couteau. Ces puissants sauriens, m'apprend-elle, ne happent pas leurs proies en immersion. Ma fonction comporte aussi celle de médecin du travail de deux importantes mines de diamants distantes de quelques centaines de kilomètres de Bria, l'une au nord vers Ouadda, l'autre dans la sous-préfecture de Yalinga, à l'est. La première est tenue par un couple d'Allemands, l'avion privé de la mine m'y conduit. Le pilote est un ancien de la Royal Air Force britannique, le copilote de la Luftwaffe allemande, ils se haïssent. La demeure du couple qui dirige l'exploitation est décorée de symboles nazis.

En dehors même des personnalités évoquées, une caractéristique pesante des quelques Blancs de Bria est un racisme décomplexé, assumé comme une évidence. Le couple d'Israéliens achète des diamants pour le compte de leur pays ou bien d'une de ses grandes sociétés. Ce qui les entoure les épouvante, leur fait horreur, ils ne mettent jamais le nez hors de chez eux, leurs domestiques assurant l'approvisionnement nécessaire. Les Français doivent de leur côté être conscients de ce qu'en métropole, dépourvus de formation et de diplômes, ils n'auraient sans doute que des positions obscures et une vie modeste. Dans la brousse centrafricaine, ils sont les seigneurs, occupent de belles maisons, ont de nombreux domestiques, ils tiennent à le justifier. Le contraste avec mes collaborateurs de l'hôpital, tous noirs à l'exception des trois religieuses, est saisissant. Leurs salaires sont faibles et ne sont pas versés avec régularité, la notion même d'heures supplémentaires est inconnue. Le travail est dur, sans horaires fixes. Il faut opérer en urgence une nuit sur deux ou trois, tout le monde est tout de suite sur le pont. Le chauffeur s'essouffle à démarrer à la manivelle le groupe électrogène poussif, le mécanicien intervient quand il n'y arrive pas. Presque chaque fois, en fait. Autour de la lumière un peu tremblante du Scialytique de la petite salle d'opération, l'équipe s'assemble : les infirmières, la panseuse, l'agent technique qui m'aidera dans l'intervention. Une assistante éponge le front des opérateurs lorsque la sueur y perle dans la nuit moite. Chacun y passe le temps nécessaire, le travail est fait, bien fait. La nuit est souvent fort courte, cependant tous sont souriants à leur poste dès le lever du jour. Lorsque je suis en tournée pour me rendre dans les mines industrielles ou bien pour visiter certains des dispensaires disséminés dans les localités de quelque importance de l'immense territoire, l'agent technique assure à ma place les urgences qui se présentent, il opère aidé par un agent formé. Il réduit des hernies étranglées, résèque les portions d'intestin nécrosées lorsque cela est nécessaire, sait en général faire face. Lui comme moi, nous faisons de notre mieux, sans radiologie, sans transfusion sanguine, confrontés parfois à des situations épouvantables telles que de dramatiques accidents de chasse. Il faut dire que la vie des gens est d'une horrible complexité, trouver de la nourriture est une gageure. Alors ils récupèrent lorsqu'ils le peuvent des armes rouillées, à défaut en bricolent d'artisanales à partir de tubes de métal, de résistance insuffisante. Le coup ne part pas, ou bien le buffle n'est que blessé, le chasseur est encorné. Pire, l'arme explose. Lorsqu'ils arrivent, portés par les leurs, après des jours de marche dans la brousse, les blessés se trouvent dans des états effroyables. Nous échouons souvent à les sauver mais, tous ensemble, nous nous battons de toutes nos forces pour le tenter. Ces personnes sont formidables, je leur garde cinquante ans après une immense reconnaissance. Mes parents toujours m'ont élevé dans l'horreur de toute forme de discrimination. La seule correction physique que mon père m'ait administrée sanctionnait une remarque blessante lancée dans un accès de colère à un petit camarade noir lorsque j'avais 7 ans[1]. Mon séjour africain a fait de moi un ardent combattant contre le racisme.

Le sol est dans la région de Bria d'une certaine fertilité, surtout dans le bassin de la Kotto. Les villageois y cultivent du manioc, des patates. Le mil pousse bien plus au nord. Un grand jardin près de la rivière est mis à la disposition du médecin, tout y croît en abondance. Mon jardinier peut faire deux ou trois récoltes par an d'aubergines, de courgettes, de haricots, etc. Pourtant, on a convaincu les habitants de planter plutôt sur leurs lopins du coton, qui se plaît aussi sous ce climat. Les autorités ont relayé activement cette incitation, beaucoup s'y sont essayés. Le coton a poussé, la récolte a été belle. Cependant, la région n'est desservie que par d'atroces pistes de latérite rougeâtre en forme de tôle ondulée. Après maints essieux brisés, les camions ont cessé de venir récupérer le coton, il a pourri sur place, la faim a sévi.

1. Axel Kahn, *Un type bien ne fait pas ça*, NiL, 2010.

Un épisode prémonitoire des terribles famines qui se succéderont dans les années 2000 lorsque le cours des matières premières cultivées en lieu et place des plantes vivrières s'écroulera et que les habitants se retrouveront sans nourriture et sans argent pour en acheter. Malgré leurs difficultés, les populations de Haute-Kotto sont, en ces années où je les côtoie, des plus paisibles. En saison sèche, les hommes se consacrent en majorité à la recherche artisanale du diamant, qu'ils vendent aux acheteurs de Bria ou à des trafiquants qui se rendent sur place. Les mines industrielles fonctionnent par tamisage mécanique et flottaison différentielle de masses de minerai diamantifère. Les machines sont réglées de sorte que tout minéral de plus de dix grammes est éliminé avec les cailloux sans valeur. Même s'il s'agit d'un diamant de cinquante-deux carats ! En revanche, ces pierres exceptionnelles ne sont pas négligées par les artisans qui tamisent manuellement. Je me souviens d'une pièce exceptionnelle de près de quatre-vingts carats. Ces trésors rares et les petits diamants habituels sont gardés dans une pochette par les mineurs artisanaux. On en trouve de grandes quantités dans les coffres-forts sommaires des acheteurs installés à Bria. Seul médecin du territoire, je suis aussi médecin légiste. Je n'aurai à officier à ce titre que deux fois, pour deux crimes : l'un lié à la jalousie, l'autre crapuleux, commis en brousse dans un campement de prospecteurs. Je me rappelle encore comme si c'était hier l'autopsie pratiquée à même le sol dans une nuée de mouches, les mineurs assemblés au-delà d'un maigre cordon de gendarmes. Inoubliable !

À cette période, le banditisme organisé n'existait pas, j'ai vécu au milieu de gens à la vie difficile, mais paisibles, serviables, généreux, astucieux. Le désespoir me saisit aujourd'hui à considérer que la Haute-Kotto est devenue la région la plus agitée et sanglante de Centrafrique, que la Centrafrique est restée l'un des pays les plus pauvres et les plus malheureux, qu'il est aussi l'un des plus violents du monde. L'impermanence des situations, la fragilité des équilibres sereins ont été bien souvent illustrés dans l'histoire. Je m'émerveillais en ces années 1967 et 1968 de ce que dans une région diamantifère et néanmoins pauvre, multireligieuse et multiethnique, l'ordre et la concorde règnent. Cette belle anomalie a cessé, la fureur s'est imposée, les animaux sauvages ont été massacrés, des milliers de personnes aussi, les diamants pillés. L'ordre des choses du monde tel qu'il va, la face sombre du progrès, ce sont aussi les désordres et les massacres en Centrafrique.

J'ai quitté le pays brutalement, j'aurais pu y demeurer à jamais, peut-être dévoré par les fauves. J'avais, je l'ai dit, à sillonner les pistes de Haute-Kotto, en avion vers le nord, en Land Rover vers l'est et la mine de diamants des environs de Yalinga. On m'y attend ce jour-là de pied ferme. La femme du directeur de la mine est enceinte, son mari et elle désirent que je l'accouche. Je les ai plutôt convaincus de venir à Bria, où les trois religieuses sont des sages-femmes très expérimentées. Je serai là en cas de pépin, s'il faut pratiquer une césarienne. En attendant, je suis la grossesse de l'épouse à l'occasion des visites de médecine du travail à la mine. Une fois la Kotto franchie avec le bac, la route est longue, plus de deux cents kilomètres. La Haute-Kotto est une pénéplaine, les reliefs y sont peu prononcés. Les paysages y sont plutôt monotones, nous roulons au cœur d'une forêt ininterrompue de densité moyenne. Parmi les grands arbres, les ayous et les sapellis, exploités plus au sud, dominent. J'ai appris aussi à reconnaître les bingos, au cœur d'ébène, différentes essences d'acajous, ma science forestière s'arrête là. À des intervalles de quelques dizaines de kilomètres, des villages typiques rompent un peu l'ennui du trajet. Les cases sont regroupées autour d'une place centrale, parfois enclose. Un bâtiment plus important en planches, central ou légèrement à l'écart, sert de maison commune, d'entrepôt. Je rends visite aux agents qui tiennent les deux dispensaires sur le chemin. L'un d'entre eux est alité, pâle, blafard, des cernes autour des yeux. Le chef spirituel du village, une sorte de chaman ou de sorcier, lui a jeté un sort, il attend la mort. Il me faut aller voir le responsable, le menacer d'user à son encontre de pouvoirs supérieurs aux siens s'il ne libère pas mon infirmier de ses sortilèges. Je ne recule devant rien pour sauver les miens ! J'apprendrai bien après mon retour en France que ma manœuvre a été un succès total. En attendant, il nous faut reprendre la route. La piste bistre et ondulée est pénible. Il existe un étroit créneau de vitesse, autour de 90 kilomètres-heure, où les secousses sont atténuées, le chauffeur s'y tient au maximum. Sinon, ni les dos des humains ni les machines pourtant robustes n'y résistent. L'adhérence des véhicules au sol est des plus faibles, la conduite doit être précise et subtile. Nous tentons, le chauffeur et moi, de surmonter la somnolence qui nous gagne. Soudain, je sens le véhicule qui dérape. Et puis, plus rien. Je reprends conscience à Paris, à l'hôpital du Val-de-Grâce. Observer qu'autour de moi tout le monde est blanc constitue ma première surprise. C'est sûr, il s'est passé quelque chose ! J'apprends que la Land Rover a percuté un gros arbre, le chauffeur est mort sur le coup, mon boy à l'arrière est sérieusement blessé. Moi aussi, et dans le coma, je me réveille seulement. Nous aurions pu être dévorés, les carnivores ne manquent pas, des panthères surtout, ou bien des charognards. Heureusement, le directeur de la mine, inquiet de notre retard, a prévenu la gendarmerie de Bria, une patrouille est partie sur la piste. Des villageois nous avaient aussi trouvés, ils nous ont protégés en attendant son arrivée. Je suis donc à Paris, un peu brisé, affaibli déjà par une dysenterie amibienne. Je ressens aussi les séquelles d'une sévère chute de mon cheval lancé au grand galop sur le sol dur, survenue à peine une semaine avant l'accident. Je suis jeune, ce n'est rien. J'ai peu arpenté à pied les chemins d'Afrique, ils ont pourtant contribué à façonner ma vision du monde et des gens, à me sculpter. Bien des vies se sont échouées en Centrafrique, la mienne s'y est ressourcée, elle s'y est enrichie.

Je quitte le Val-de-Grâce en mars 1968 et pars en convalescence à Mussy, d'où je suis, l'oreille collée au poste de radio, les événements de Nanterre, la création du Mouvement du 22 mars, la fermeture de la Sorbonne en mai. N'y tenant plus, je rentre à Paris où la révolution semble en marche. Au lendemain du vendredi 10 mai 1968 et de sa « nuit des barricades » dont je n'ai rien perdu à la radio, je vais me rendre compte de la situation au Quartier latin. J'y rencontre papa en haut de la rue Monsieur-le-Prince. Une foule d'étudiants me voit pansé, le visage balafré, un bras en écharpe, ils me prennent pour un valeureux combattant de la veille, s'attroupent et me portent en triomphe. Je ne sais pourquoi, je laisse faire et ne les détrompe pas.

Chemins de Corse, chemin de fer, tournant d'une vie

Mon épouse est enceinte, l'accouchement est prévu en mai 1970, il surviendra le 21 avril, le jour des obsèques de papa. J'ai déjà évoqué ce drame dans des ouvrages antérieurs. Comment pourrais-je n'y pas revenir tant il marque une inflexion de mon itinéraire de vie, son image me hantant si souvent sur les chemins de terre ? Je suis en avril 1970 interne en hématologie à hôpital de l'Hôtel-Dieu de Paris. Le 17, le temps est clair mais frais. Tôt dans la matinée, on me téléphone à plusieurs reprises pour me demander si j'ai des nouvelles de mon père : il a quitté son appartement mais n'est pas arrivé jusqu'à l'institution pédagogique qu'il vient d'ouvrir et dirige rue de la Voûte, à la porte de Vincennes. Je ne m'alarme pas outre mesure. De retour à mon domicile au milieu de l'après-midi, un message m'attend : rappeler la gendarmerie de Mantes-la-Jolie. Avant même que je ne le fasse, le téléphone sonne. C'est ma cousine Sylvie, la fille de Jean-Claude, jeune frère de Jean : « Ton père est mort à Mantes, il faut que tu t'y rendes. » Je saute dans ma voiture et la conduis trop vite, dangereusement. J'arrive pourtant. Les gendarmes m'apprennent que Jean Kahn s'est apparemment suicidé. Son corps a été retrouvé sur la voie de chemin de fer, près de la gare de Mantes. Papa m'a laissé une lettre, trouvée à la place qu'il occupait avant de se jeter du train. Il me revient de reconnaître le corps. Il est en pièces. Je reconnais mon père à la partie du visage qui n'a pas été emportée lors du choc violent de sa tête contre le rail. La boîte crânienne est ouverte, béante. Le cerveau a disparu. Je ne peux voir la lettre manuscrite qu'il m'a laissée dans une enveloppe à mon nom. Il s'agit en effet d'une pièce à conviction destinée à l'enquête. Toutefois, les gendarmes m'en remettent une copie dactylographiée.

« Cher Axel, je m'adresse à toi comme, peut-être, le plus capable de faire durement les choses nécessaires. » Mon père énumère alors ce que je dois faire. Puis, après m'avoir demandé d'embrasser pour lui le petit-fils à naître le mois prochain, la lettre se termine par l'injonction « Sois raisonnable et humain[1] ».

J'ai alors 26 ans, le cours de ma vie est dès cet instant bouleversé. Je n'aurai de cesse que je ne m'efforce d'interpréter cette lettre. Pourquoi m'était-elle adressée ? Mon père me jugeait-il si dur de cœur que cela justifiait sa mise en garde finale ? Qu'entendait-il par « être raisonnable et humain » ? Comment le devient-on ? En quelles circonstances notre raison et notre humanité sont-elles menacées ? Par les progrès

1. Axel Kahn, *Raisonnable et humain ?* [NiL, 2004], Pocket, 2006.

de la science et des techniques, par les évolutions économiques et sociales, par nos actions en général ? Je dois me prononcer, c'est important. Qu'en aurait pensé Jean, mon père ? Aurait-il approuvé mes choix, les aurait-il considérés comme raisonnables et humains ? Ce sont là les questions, les pensées principales qui m'ont dès lors accompagné sur tous les itinéraires dans lesquels je me suis engagé, sur les sentiers et en presque toutes les autres circonstances de mon existence. J'ai consigné dans de nombreux livres ces réflexions souvent mûries sur les chemins. Cependant, quarante-sept ans durant, je suis demeuré avec ce refus au cœur, celui d'admettre que l'histoire de Jean, mon père, a trouvé son terme définitif avec ces débris d'homme éparpillés sur la voie ferrée. La révolte suscitée a explosé maintes fois dans l'esprit et le corps du marcheur solitaire confronté à l'émotion intense de la beauté. Le bonheur engendré s'est, en plusieurs circonstances, transformé en un irrésistible chagrin. La première se situe lors du parcours avec des amis de la partie sud du chemin de grande randonnée numéro 20 (GR 20). Après le col de Vizzavona, le sentier se dirige vers le Monte Renoso, puis l'enclume du Monte Incudine en parcourant en particulier une longue arête parsemée de formations rocheuses aux formes diverses et étranges, l'« arête des statues ». Auparavant, plus bas, le randonneur chemine dans un paysage plus aimable, sillonné de petits ruisseaux qui se fraient un chemin hésitant dans une herbe grasse. Sur ses brins scintillent, ce matin-là, les gouttes de rosée que la fraîcheur du petit matin a déposées, en un ultime embrasement avant leur évaporation rapide sous l'ardeur du soleil. Les pins laricio dans la pente s'épuisent bien avant le randonneur que, géants débonnaires, ils laissent filer. Le paysage devient ensuite de plus en plus minéral, les horizons s'élargissent entre les silhouettes fantasmagoriques des « statues » de l'arête, dans une luminosité d'abord crue puis que la nébulosité des premières brumes de chaleur adoucit. D'un coup, le désir de partager cette éclatante beauté avec papa me saisit, comme il y a si longtemps dans le Jura, puis à Chamonix face à la chaîne du Mont-Blanc, au sommet de l'aiguille du Midi. Nous nous sommes alors retrouvés, lui et moi, j'ai institué un père, il a renouvelé son amour à un fils. Eh quoi, ce serait aujourd'hui impossible, ce lien si fort serait rompu sans espoir ? Intolérable, insupportable, le désespoir me submerge. Je fonds en larmes, hoquette de sanglots. Soucieux de ne pas infliger ce spectacle singulier à mes compagnons et de ne pas devoir leur en expliquer la genèse, j'allonge le pas autant que je le peux, limité seulement par mon souffle que mes pleurs entament. Je grimpe malgré tout les pentes de l'Incudine à vive allure, les yeux noyés de larmes, gémissant peut-être. J'arrive hors d'haleine au sommet, m'assois sur une pierre et reprends mes esprits avant l'arrivée des autres membres de notre groupe. Je leur explique mes yeux rougis par la poussière du sentier. Il m'a fallu quarante-sept ans pour trouver un exutoire au refus indigné d'accepter ce qu'on m'a demandé de reconnaître, le 17 avril 1970, voir mon père dans cet homme en pièces. La solution que j'ai alors retenue a été de rendre la vie à mon père, par la seule méthode que je connaisse pour cela : l'écriture. Je me suis glissé en lui et lui ai laissé la parole. Son intégrité retrouvée, Jean a revécu, il s'est exprimé[1], j'ai pu l'accompagner, faire mon deuil, enfin. Il ne me laissera plus désemparé dans la splendeur des chemins.

1. Axel Kahn, *Jean, un homme hors du temps*, *op. cit.*

Chemins et mémoire de la montagne corse

Près de vingt ans durant, j'ai passé en famille le mois d'août dans un petit village de la côte orientale du cap Corse. Le climat insulaire semble nous avoir inspirés, mon épouse et moi : nous y avons conçu nos trois enfants. Les vacances étaient encore longues alors et elles débutaient en juillet par une randonnée d'une grosse semaine avec des amis, d'abord sur le GR 20 de Corse, puis partout ailleurs en France. Le très célèbre GR 20 a de la sorte constitué une entrée en matière à notre groupe de randonneurs, puis à mon exploration en grand détail de la montagne corse : j'en ai gravi plusieurs fois les principaux sommets, par des itinéraires toujours différents. Images et souvenirs en sont restés gravés dans ma mémoire. Nous sommes au début des années 1970 une demi-douzaine d'amis à nous préparer à parcourir du nord au sud le GR 20, beaucoup moins équipé et fréquenté qu'il ne l'est aujourd'hui. Les refuges sont rares, aucune restauration n'y est servie. Nous avons prévu de bivouaquer en pleine autonomie, en particulier alimentaire. Il nous faut prévoir de la nourriture pour sept à huit jours entre Calenzana et le col de Vizzavona, puis six à sept jours du col à Conca, au-dessus de Porto-Vecchio. La peur de manquer, sans doute, nous avons prévu large ! Avec tentes et matériel de camping, les sacs à dos sont au départ fort lourds, en moyenne vingt-trois kilos pour les garçons et dix-sept pour les filles. Ainsi chargés comme des bêtes de somme, de plus encore peu entraînés, nous débutons l'ascension en forêt dès l'arrivée de l'autocar qui nous amène de Bastia. En pleine chaleur, cette première et rude montée en forêt et dans le maquis est rapidement un calvaire, les défaillances à l'arrière se multiplient, le groupe se disloque. Les premiers parvenus au lieu de bivouac se déchargent et redescendent pour aider les retardataires, certains maintenant à l'arrêt, épuisés, encore loin du but. Nous les soulageons de leurs sacs et, les encourageant, les conduisons au terme de l'étape, la nuit commence à tomber. Un regard entre nous suffit pour admettre cette évidence : nous n'irons pas bien loin en continuant de la sorte. D'autres randonneurs qui terminent leur périple accompli dans l'autre sens se sont installés non loin de nous. Nous leur proposons des masses de nos victuailles ; affamés, ils se jettent dessus, nous sommes d'un coup immensément populaires. Chacun d'entre nous allège son sac de trois bons kilos. Nous repartons ainsi le lendemain d'un bon pas.

Je sais combien la fatuité masculine en présence des femmes est risible. Pourtant, je n'y ai pas échappé. Les deux autres souvenirs du GR 20 qui me viennent à l'esprit en témoignent. Nous sommes maintenant dans le massif du Monte-Cinto. Depuis l'ancienne station de Haut-Asco, le GR chemine durant un ou deux kilomètres dans la verdure, maigre forêt, prairie et maquis ras, puis s'élève entre des surfaces inclinées couvertes de lichens par un sentier pierreux en longeant à l'est la crête granitique qui prolonge au sud la Muvrella, franchie la veille par la Bocca di Stagnu. Nous arrivons ainsi au col Perdu, entrée nord du cirque de la Solitude. Le paysage qui se dévoile alors peut impressionner les personnes peu habituées à la haute montagne. Des éboulis d'aspect instable mènent au fond du cirque, deux cents mètres plus bas. La voie de sortie sud vers la Bocca Minuta, au même niveau que le col Perdu vers 2200 mètres, apparaît plus raide encore. Elle emprunte de grandes dalles très inclinées et parfois lisses, équipées de câbles fixes et d'échelles. Une fille de notre groupe hésite à s'engager. Faraud, je me fais fort de la soulager de son sac, de m'en charger en plus du mien en le portant en position ventrale. Dès les premiers mètres, la remontée vers la Bocca Minuta est pénible, je tâche de n'en rien laisser paraître. Cependant, la masse devant ma poitrine m'empêche de m'aider efficacement des câbles. À mi-pente, je dévisse. Rien n'est censé arrêter ma chute avant le fond du cirque, cent mètres plus bas. Heureusement si : les bras puissants d'un légionnaire dont la colonne en raid d'entraînement grimpe sur nos talons. « Et alors, petit monsieur, on veut se suicider ? » lance celui que j'identifie comme le chef de groupe. Un sourire amicalement ironique se dessine sur le visage de mes compagnons maintenant rassurés. Mon ami Jean-To m'accompagne pour la seconde manifestation de cette propension des hommes de tout âge à « faire le beau » dès qu'une femme peut en être spectatrice. Après le Monte Incudine, témoin de mon désespoir filial, nous sommes proches de l'arrivée. Il fait chaud, nous décidons de passer la nuit à la belle étoile dans le vallon du ruisseau d'Asinao, sur un terre-plein sous les pins maritimes. Il ne nous restera plus que deux jours de marche avant Conca, nous sommes déterminés à les savourer. Le tracé normal du GR contourne le massif des aiguilles et des tours de Bavella par l'ouest et le nord avant d'aborder le col du même nom. Une variante dite « alpine » permet cependant d'accéder directement au col, au plus près des sommets. Jean-To et moi décidons de l'emprunter le lendemain matin. Une très jeune fille d'environ 18 ans d'un autre groupe nous a entendus. Elle choisirait elle aussi volontiers cette variante, mais ses compagnons, fatigués, reculent devant cette difficulté qu'il est possible d'éviter. Hésitante à s'engager seule, pourrait-elle nous accompagner ? « Mais bien sûr, mademoiselle, avec joie ! » Nous voilà donc partis tous trois à la fraîcheur de l'aube, il n'y aura pas un nuage de toute la journée. Le chemin, en définitive plutôt aisé, s'élève rapidement, d'abord entre les résineux, puis entre des blocs posés parfois de manière instable sur des pentes où subsistent, héroïques, des pins presque nains tordus par le vent. Il longe la chaîne des aiguilles, les *punti*, dont les sommets finement effilés et presque symétriques se succèdent en se découpant, gris clair parfois un peu ocre, sur le bleu maintenant soutenu du ciel. L'œuvre d'une dentellière exaltée, semble-t-il. De plusieurs cols coincés entre les tours – en particulier, la Bocca di u Pargulu, le plus élevé – le panorama sur la dentelle des aiguilles à l'est et la forêt de Zonza au sud émerveille les trois randonneurs euphoriques. Jean et moi rivalisons d'entrain, nous nous jouons des faibles difficultés du parcours, la fille suit sans peine. Nous nous accordons une petite halte au pied de la Punta di l'Acellu, avant de redescendre vers le col. Très satisfaits, nous demandons à la fille : « Mademoiselle, quel âge nous donnez-vous ? — Oh, la quarantaine, peut-être ? » Nous en sommes loin, la fin du trajet est morose pour les garçons.

De tous les sommets corses, le couple formé par la Paglia Orba et son frère jumeau le Capu Tafunatu, facilement accessibles par le GR 20 au nord du col de Vergio, a ma préférence. Ici, le mouvement tectonique à l'origine du soulèvement de la montagne corse s'est exercé sur un petit bassin sédimentaire détritique à la bordure occidentale du socle cristallin d'où le Monte Cinto a jailli. La Paglia Orba, unique en son genre dans l'île, est de la sorte constituée de conglomérats gréseux, roses à rouge foncé bordeaux, prenant la forme de poudingues porphyriques qui emprisonnent des galets polis par les torrents d'antan. Ce singulier pudding minéral est un dessert délicieux aux pieds et aux yeux du marcheur. L'ascension de la Paglia Orba est facile par le col des Maures. Du sommet, la vue s'étend sur tout le massif du Monte-Cinto à l'est, le Monte Rotondo plus au sud. Tout près, de l'autre côté du col à l'ouest, le Capu Tafunatu, tête trouée vigilante et fascinée, examine de son œil cyclopéen depuis des dizaines de millions d'années son élégante grande sœur. Ce couple fraternel assure avec bienveillance et un charme incomparable le rôle de gardiens du massif contre des envahisseurs débarquant loin à l'est sur les rives des golfes de Porto et de Girolata.

Pourtant, c'est bien plus au nord-est que sont enracinés mes souvenirs les plus vifs de la montagne corse, sur la crête qui prolonge vers Haut-Asco la cime du Monte Cinto que j'ai si souvent gravie. Cette arête – sur laquelle les Capu Verdatu et Capu Biancu, deux sommets de plus de 2500 mètres, sont implantés – domine un sauvage cirque rocheux. Au fond, scintillent du côté sud-est de la paroi les lacs du Verdatu : le lac Maggiore, le plus grand et le plus élevé ; et les lacs de Ghiarghe Rosse et d'Occhi Neri, de petites tailles, deux cents mètres plus bas. Des torrents en dévalent vers la Ruda et Corscia. Pour une petite randonnée de deux jours en ces lieux, Jean-To et moi sommes accompagnés par deux amis, dont Michel, un voisin de vacances. C'est un très jeune homme de 17 ou 18 ans, grand, mince, le corps souple et sportif, le visage fin aux cheveux châtains soyeux. J'aime beaucoup Michel, de près de quinze ans mon cadet, nous faisons ensemble de la planche à voile par grand vent et du ski nautique. Il partage aujourd'hui ma tente. Les orages sont fréquents et violents après le 15 août en Corse, mais pas cette fois. Nous nous mettons en route depuis Corscia tôt le matin, le temps est limpide et le demeurera. Le soleil franchit la barrière des montagnes et parvient au fond du cirque en même temps que nous. La surface du lac de Ghiarghe Rosse que pas un souffle ne ride étincelle d'un coup, il se transforme en une pièce d'argent brillant de mille feux. Dans sa course vers le zénith, Phébus éclaire bientôt de face la paroi accidentée du cirque et ses sommets. Ils irradient une éclatante lumière aux reflets vaguement verts et blanchâtres, qui ont donné leurs noms aux Capi Verdatu et Biancu. Nos silhouettes se découpent sur la pente claire avec la netteté d'un dessin à la plume sur une feuille blanche. L'endroit est à distance du sommet du Monte Cinto et du GR 20 déjà bien fréquentés à l'époque, nous sommes seuls dans un cirque majestueux – qui mériterait davantage d'être appelé « cirque de la Solitude » que celui où j'ai dévissé. Majestueux et de plus en plus torrides, les rayons ardents chauffent l'encorbellement de roches comme un four. Le souffle frais d'ouest qui nous attend en haut du Capu Biancu est bienvenu. La vue depuis ce sommet embrasse l'ensemble de ceux du massif, le Rotondo au sud, la Paglia Orba à l'ouest-sud-ouest. Au-delà des miroirs éclatants de la surface des lacs, la large vallée de la Ruda vers Corscia nous permet de repérer notre chemin d'accès. Bien en jambes, Michel et moi décidons plutôt de revenir, en faisant un large détour par la crête qui mène plein est au Capu Razinu, puis à la Bocca di Serra Piana, où nous retrouverons un chemin vers nos compagnons et Corscia. Nous voilà partis, jeunes hommes joyeux dont la différence d'âge semble être restée au pied de la paroi. Heureux d'être là, que l'autre y soit, sûrs de nos corps et de notre forme, nous progressons rapidement sur la crête étroite, courons même lorsque le terrain le permet. Une série de petites failles entaillent l'arête, nous nous laissons glisser avec souplesse à leur base, puis regagnons par des escalades rapides le fil de la montagne. Le monde – au moins la Corse – est à nos pieds, le vent des cimes rafraîchit notre peau, rien ne paraît pouvoir nous arrêter et entamer notre enthousiasme. Joie, effort, confiance, gaieté, complicité, notre bonheur d'être au monde atteint en ce jour un maximum. Des décennies plus tard, Michel, seul dans une ville lointaine où il s'était rendu pour des raisons professionnelles, se pendra dans sa chambre d'hôtel. Marié et père de famille en apparence heureux, son geste a stupéfié les siens et ses proches. Comme presque toujours ! Ne pas déceler le désespoir qui pointe chez ceux que l'on aime, ne pouvoir les aider, rester aveugle à leur détresse, demeurer impuissant parce que inconscient de ce qui se joue alimente l'inexpiable remords de tous ceux qui n'ont pas vu qu'un des leurs s'apprêtait à quitter la partie. Michel comme Jean. Apprenant la nouvelle, j'ai revu comme s'il s'était agi d'hier le garçon solaire sur la crête des Capi Verdatu et Biancu. Pourquoi son parcours conquérant et joyeux s'est-il interrompu ? Quelle faille infranchissable a-t-il rencontrée ? Quel précipice s'est ouvert sous ses pas ? Jamais aucune réponse certaine ne peut être apportée à ces questions. Aller seul sur le chemin dont le but n'est autre que le chemin lui-même, empli de tous ceux que l'on aime, mener un dialogue intérieur propice à l'éclosion et à l'enrichissement de la pensée constitue pour le marcheur une quintessence. C'est cependant aussi toujours seul que l'on se trouve déterminé à quitter le chemin. La raison réelle et exacte en conserve ainsi chaque fois une part d'insondable mystère.

Robert Louis Stevenson passa douze jours difficiles dans les Cévennes avec son ânesse Modestine[1]. Il l'aima, pourtant, la pleura presque lorsqu'il dut la revendre. Je n'ai pas eu le temps d'établir les mêmes relations avec Nina puisque notre intimité ne dura que deux jours. Inoubliables, cependant. Nous sommes cette fois, Jean-To et moi, accompagnés de nos épouses respectives, Marie-Hélène et Vivianne. Le but de la balade est le sommet du Monte San Petrone, point culminant à 1767 mètres de la Corse orientale schisteuse et de la Castagniccia. L'ascension ne comporte aucune difficulté si ce n'est l'absence totale d'eau. Or, nous avons prévu de bivouaquer près du sommet, d'y cuisiner, et c'est là qu'intervient Nina. C'est une jolie mule grise louée à un agriculteur du hameau de Campodonico, point de départ de la randonnée à proximité de Piedicroce. Nous la chargeons de deux bidons de vingt litres d'eau (il en faut pour elle aussi), et nous voilà partis en toute sérénité. Le chemin muletier monte d'abord au milieu des châtaigniers et des hêtres, et passe par nombre de maisons maintenant ruinées. C'est du moins ce que nous avons lu sur un guide car nous tardons à l'observer : aussitôt parvenue aux limites du hameau, Nina s'arrête brusquement, elle se transforme en une superbe

1. Robert Louis Stevenson, *Voyage avec un âne dans les Cévennes* [*Travel with a Donkey in the Cévennes,* 1879], 10/18, 2001.

statue de mule, altière, la tête droite, les nasaux à peine frémissants. Elle ne dépare pas dans le paysage corse dont elle rehausse sans conteste le caractère : sa robe souris décorée de la croix sombre d'une raie de mulet marquée, entre deux maisons hautes aux toits de lauze, à moitié dans l'ombre d'un châtaignier immense, elle a quelque chose de hiératique, Nina. Une déesse tutélaire fière et belle. Mais immobile, on s'en lasse. Stevenson a lui aussi connu ces problèmes avec Modestine, il s'est résolu à suivre le conseil des paysans cévenols : la trique ! Il l'a tant maniée qu'il en avait l'épaule et le bras endoloris. Il s'est ensuite laissé convaincre de motiver sa compagne avec un aiguillon. Ces perspectives nous horrifient tous les quatre : nous tentons les caresses, le sucre devant la bouche (à défaut de carotte). Rien n'y fait, une mule de pierre ! L'un d'entre nous va alors quérir l'aide du maître habituel de Nina. Il la convainc sans peine et sans coups d'avancer, nous accompagne sur environ un kilomètre, puis s'en retourne. Miracle, la mule poursuit son chemin, l'optimisme revient. Pour un instant. Car l'autonomie de Nina s'avère admirable. Pour des raisons qui nous échappent, en réponse à des signaux que seule une mule corse peut détecter, selon une logique dont nous sommes incapables de percevoir la subtilité, Nina souvent se bloque. Il n'y a pourtant, à part nous, aucun photographe pour immortaliser sa magnificence minérale dans le maquis où les arbres deviennent maintenant rares, bloc à peine frémissant parmi les roches feuilletées, par endroits scintillantes, des schistes. L'image est belle, mais il nous faut bien progresser pour installer notre bivouac avant la nuit, faire cuire au feu de bois l'épaule de mouton que nous transportons. En un mot, une certaine fébrilité nous saisit. Les femmes à l'avant tirent l'animal par le licol. Jean-To et moi le poussons aux fesses, ce qui nous amène à faire une intéressante constatation : les forces de frottement des sabots d'une mule sur un chemin montant empierré sont considérables. Nina, imperturbable, sans effort apparent, ne subit qu'une translation antérieure limitée, quelques centimètres qui nous laissent épuisés et pantelants. Et puis, sans que rien l'annonce, elle se remet en route. Modestine exaspérait Stevenson par sa lenteur de toute petite ânesse. Je ne sais si Nina avait connaissance des limites de sa consœur du XIXe siècle, elle témoigne en tout cas de sa capacité à s'en différencier : elle se met à trotter malgré la pente, tirant littéralement le préposé au licol et forçant les autres à accélérer au-delà de ce que leur souffle permet de tenir. Heureusement, elle s'arrête bientôt, on s'en félicite cette fois. Les rôles sont maintenant bien distribués : Nina décide, elle est chez elle, elle a ses raisons que notre raison ignore mais que nous respectons. Nous parvenons au sommet à temps pour voir le coucher de soleil derrière les hautes montagnes cristallines du centre. Le Monte Cinto, les Capi Verdatu et Biancu se teintent de rose tandis que la Paglia Orba au loin devient pourpre. Le matin, nous serons aux premières loges pour suivre l'émergence du disque solaire de la mer au-delà de la plaine orientale. Puis c'est le retour à Campodonico, que Nina entreprend avec enthousiasme. Elle trottine et ne s'arrête plus. Il nous faut dédoubler le licol car deux hommes ne sont pas de trop pour la modérer un peu. Tous les records de vélocité sont battus dans le sens de la descente. Essoufflés, assoiffés, les jambes en coton, nous ne savons saluer comme elle le mérite la si belle Nina, qui s'éloigne maintenant, conduite par son propriétaire, fraîche comme un gardon. Il nous semble qu'elle sourit du tour qu'elle nous a joué mais sans doute est-ce là une image mentale créée de toutes pièces par la fatigue.

Le Monte San Petrone n'est que l'un de ceux gravis en Corse orientale, dans des décors moins exclusivement minéraux que ceux des massifs centraux. Schistes et maquis odorant, infranchissable lorsqu'il n'a pas brûlé récemment, en sont les marques constantes, Nina est unique. Le cap Corse prolonge au nord les reliefs de la chaîne du levant, ses trois sommets schisteux de 1139 à 1322 mètres, Monte Alticcione, Monte Stello et Cima di e Follicie sont ici veinés de serpentine, roche verte et très dure qui donne son caractère au décor minéral. Plus encore que pour le sommet de la Castagniccia, l'attrait principal de cette crête médiane du cap Corse réside dans sa proximité avec les deux côtes, orientale et occidentale, et par conséquent dans les fabuleux spectacles qu'elle offre des levers et des couchers de soleil sur la mer. Lorsque le libeccio souffle, bien souvent à plus de cent kilomètres-heure en altitude, on distingue les îles italiennes qui émergent de l'aube naissante : Montecristo, Elbe, Capraia, et même, au-delà, les côtes de Toscane. Je suis monté une fois au Monte Alticcione avec mes trois enfants, une seule fois. J'aurais, je crois, éperdument aimé randonner avec eux dans la montagne corse, leur montrer les cistes fleuris, rose de Crète et blanc de Montpellier, le myrte et le romarin, exercer leur odorat à la palette des senteurs du maquis. Hélas, la route de leur maman et la mienne ont divergé avant qu'ils n'en aient l'âge, et je ne suis plus revenu que rarement dans l'île.

Le sens de la marche

Jamais je ne me suis posé la question du sens donné à ma respiration, à mon alimentation. Elles me sont nécessaires, je m'efforce de faire en sorte que la seconde me soit agréable. Marcher aussi m'est par certains aspects indispensable, mais cela m'est personnel, d'autres s'en passent. Consacrant à la marche l'essentiel de mon temps libre, le libérant pour marcher, j'ai progressivement cherché à expliciter la place qu'elle a prise pour moi, la quête qu'elle recouvre. À lui donner sens, en somme. Mes réponses s'articulent autour de trois mots : liberté, beauté et pensée. Je ne me sens authentiquement libre qu'en marchant, à défaut juché sur la selle de mon cheval au galop dans les chaumes, au pas ou au petit trot sur les chemins forestiers. En marchant seul, surtout. En groupe, en couple amoureux, ce que la liberté perd, la communion avec les amis ou la femme aimée le récupère. Dès le milieu des années 1970, ma vie professionnelle puis, assez vite, ma vie publique m'ont de plus en plus mobilisé, ne me laissant guère de répit. Au moins trois fois l'an, décider d'une randonnée, consulter cartes et guides, en établir l'itinéraire et le rythme, rêver de ce qu'elle sera, trembler d'impatience avant de partir, préparer son sac enfin, c'est déjà goûter la saveur d'une liberté à conquérir. Enfin, le moment est venu, le train de nuit qui vous jette au pied de la montagne au petit matin, un solide petit déjeuner, et tout recommence. L'effort, la disponibilité à ce que l'on voit, entend, sent, aux pensées qui vous viennent, n'annihilent pas les soucis de l'autre vie, celle d'hier, mais les diluent, en atténuent le poids. S'ajoutent les décisions et actions propres au parcours : choisir les lieux propices au pique-nique, au bivouac, monter la tente, rassembler du bois, cuisiner, décider du programme exact du lendemain, repérer Vénus dans le ciel alors que le soleil décline, voir les étoiles s'allumer une à une, se réchauffer au feu de camp lorsqu'il est possible. Dès le lever du jour, dégripper les articulations raides, faire sa toilette dans l'eau glacée, prendre des forces, tout remballer, sentir la machine qui se dérouille après les premiers pas. Une parenthèse d'existence qui, ma vie durant, m'a permis de relever les défis et d'affronter les contraintes de l'autre vie. Je n'ai jamais pu me défaire de l'idée que l'artifice règne en maître hors de ces parenthèses où se concentre l'authenticité de l'existence – celle dont j'ai été brutalement arraché il y a si longtemps au Petit-Pressigny. Faire ce que l'on doit, assumer avec responsabilité ses engagements, mener une recherche, présenter ses résultats, diriger des équipes ou des établissements, participer au débat public, répondre à des sollicitations médiatiques – mon activité constante pendant plus de quarante ans – sont les contraintes exigeantes d'un atelier où s'est sculptée, épreuve après épreuve, ma statue intérieure. Un atelier défini par ses règles et ses normes sous le poids desquelles ce que l'on est s'estompe derrière ce qu'il convient que l'on soit. Sans cette discipline, il n'y aurait, hors de l'art, pas de réalisation, pas d'œuvre humaine. Dans mon cas, il n'y en aurait pas eu non plus s'il ne m'avait été donné, cachalot accablé de tant de tâches dans les profondeurs d'une vie trépidante, de remonter régulièrement à la surface, en marchant ; y aspirer d'immenses bouffées d'air pur, me ressourcer dans la liberté, me régénérer dans la beauté, me purifier dans l'authenticité. Aller, m'arrêter, me reposer, bifurquer, contourner, escalader non pas comme je le dois mais comme je le veux. La liberté.

J'ai plusieurs fois expliqué que l'aptitude à ressentir une émotion esthétique avait été un marqueur très précoce de l'évolution des derniers primates non humains vers nos ancêtres *Homo*, puis un formidable accélérateur de leurs progrès culturels et sociaux[1],[2]. Se rendre disponible à cette émotion m'apparaît essentiel à l'épanouissement d'une vie authentiquement humaine. Dans mon cas, c'est même une exigence vitale, comme l'aspiration au bonheur. Il n'y a pas de bonheur sans beauté. Le beau n'est pas un attribut propre des objets, des spectacles ou des images mentales, il est conféré par celui qui les

---

1. Axel Kahn, *L'Homme, ce roseau pensant... Essai sur les racines de la nature humaine*, NiL, 2007.

2. Axel Kahn, *Être humain, pleinement* [Stock, 2016], Le Livre de Poche, 2017.

perçoit tels. Cela explique la relation étroite entre marche et beauté. Les critères esthétiques jouent un rôle déterminant dans le choix de l'itinéraire d'un marcheur, je viens d'en donner des exemples corses. La marche parvient aussi par sa propre vertu à décupler l'émotion esthétique ressentie. La vue des sommets enneigés qui pointent au-dessus d'une mer de nuages au soleil encore rasant, l'embrasement d'un coucher de soleil de gloire, la renaissance d'un monde prometteur et clair lorsque Phébus sort des eaux à l'aube fraîche sont superbes, toujours. Ce sont d'inoubliables et splendides émotions en récompense à la rude approche d'un grimpeur. La puissance de cette faculté d'embellir ce que l'on gagne de haute lutte, ce qui coûte, le fruit des efforts m'amène, cheminant des dizaines de kilomètres au milieu des tiges de maïs dans le sud-ouest de la France ou sur le macadam d'une ville, à sourire à la beauté du monde ! L'amitié, l'amour sont eux aussi plus beaux dans la passion partagée de la marche.

Plus même que l'expérience d'une liberté idéale, que l'approche d'une beauté transfigurée, la marche m'apparut vite être l'occasion parfaite de déploiement et d'enrichissement de la pensée. Elle est la seule circonstance où se poursuit sans interruption le dialogue intérieur de soi-même avec soi, avec ce « je » qui en est un autre évoqué par le jeune Arthur Rimbaud. Ici, la somnolence ne menace pas ! Même en groupe, même en couple, chacun va son pas et marche seul, disponible à ce que son esprit présente à sa conscience. Les innombrables perceptions, les sensations et émotions qui en résultent, sont autant de brindilles sèches jetées dans le feu ardent de la pensée qu'elles font crépiter : le moindre souffle, l'odeur des genêts, le bruit du torrent, le chant des oiseaux stimulent la psyché, l'éveillent et créent une atmosphère optimale à ses manifestations. Une idée s'enracine parfois dans une observation du chemin, en appelle d'autres emmagasinées dans la mémoire, un univers mental se constitue. D'autres fois, la réflexion germe de façon autonome, apparemment aléatoire, et croît dans le terreau que les impressions du sentier fertilisent. Ce milieu est propice aussi à l'approfondissement optimal d'un questionnement apporté de l'autre monde et dégagé par là de nombre des entraves que ce dernier opposait à sa résolution. Dans tous les cas, le rythme obstiné du pied que l'on avance devant l'autre avant de recommencer joue un peu le rôle du métronome pour la structuration de l'œuvre du musicien. Cet ensemble de conditions favorables à la pensée agit dans le contexte du bien-être exceptionnel que je ressens chemin faisant. C'est dans ces circonstances que j'ai établi la trame de la plupart de mes livres, que j'ai commencé de donner forme littéraire à mes intuitions. Je n'écris pas en marchant, sans marcher je n'aurais pas écrit.

J'ai plus tard mobilisé la marche à une autre fin, celle d'un accès privilégié à la vérité des gens dans les villages et les hameaux traversés. En effet, mes deux diagonales pédestres de la France, de deux mille kilomètres chacune, accomplies en 2013 et 2014, ont rapidement ajouté aux desseins que je viens de mentionner celui d'une enquête sur la situation réelle du pays profond et l'état d'esprit de ses habitants[1],[2]. Mon approche vagabonde s'est révélée l'atout maître de cette entreprise. Les gens sont questionnés parfois par des journalistes, des politiques, qui arrivent et repartent bien vite dans leur véhicule… par des chemineaux, jamais ! Or, la singularité de leur démarche intrigue, suscite la sympathie, incite à la confidence. On s'informe de la motivation du marcheur, on s'en étonne, on lui demande des précisions, on s'intéresse aux observations déjà dans sa besace. Après tout cela, il ne reste plus qu'à se confier soi-même. Jamais la récolte d'informations et de ressentis faite tout au long de mes périples n'aurait été aussi riche et belle si le glaneur s'était avancé autrement qu'à pied. J'ai, après le GR corse, eu l'occasion de consolider cette signification et cette fonction de la marche au cours de randonnées qui m'ont conduit à explorer toutes les montagnes de la France et de ses bordures italiennes et espagnoles, leurs GR, leurs sentiers et leurs hautes routes. D'abord en groupe, puis en couple, et enfin seul.

---

1. Axel Kahn, *Pensées en chemin : ma France des Ardennes au Pays basque* [Stock, 2014], Le Livre de Poche, 2015.
2. Axel Kahn, *Entre deux mers : voyage au bout de soi*, *op. cit.*

Choisir sa vie

Nous partons cette année-là de Murat, dans le Cantal, afin de parcourir jusqu'à Volvic les différents volcans d'Auvergne : monts du Cantal, puy de Sancy et chaîne des Puys. Les hors-d'œuvre du plomb du Cantal et du puy Mary se poursuivent par l'interminable plateau du Limon, qui chemine longuement aux alentours de 1400 mètres entre des enclos où paissent, innombrables, les vaches à la robe brun-rouge et aux cornes harmonieusement recourbées, les salers. Hauts plateaux entre ciel moutonné de nuages et pâturages ondulés, petits lacs, vallées où se concentrent les bourgs de quelque importance, kilomètres qui s'enchaînent, cette randonnée est propice à la méditation, au dialogue intérieur déjà évoqué. Le lac Chauvet effleuré, à la bordure occidentale du Cézallier, nous abordons le massif du Sancy et bivouaquons dans les environs du plateau de Durbise. Après plusieurs orages, le temps est clément, la soirée s'annonce belle. Les tentes montées, nous nous répartissons les tâches. Les uns collectent du bois pour la traditionnelle flambée du soir, les autres vont dans la pente munis de gamelles bien vite pleines à ras bord de myrtilles qui nous promettent un festin pour le dessert du dîner. Cependant, le temps se couvre à la nuit tombée. La lune à moitié pleine, dont le clair sourire a égayé le crépuscule, se voile. Elle disparaît bientôt, les premières étoiles allumées s'estompent. Dans la nuit, le vent se lève, il fait vibrer les frêles parois de nos étroites maisons de toile. Frissonnant, je me serre contre ma compagne. Comme nous le redoutions, le temps du matin est exécrable. Un vent glacial rend notre toilette des plus sommaires, nous grelottons au petit déjeuner. Nous cherchons à nous réchauffer en serrant dans nos mains aux doigts gourds les quarts emplis d'une boisson brûlante qui se refroidit, hélas, avant même qu'on en ait bu le tiers. Dans ces conditions, personne ne désire traîner. Il nous faut plutôt marcher, grimper ; l'effort nous réchauffera, en route. Après le col de la Croix-Saint-Robert, nous voilà montant à la ligne de crête qui passe par les puys de l'Angle, de Monne et de la Tache vers le col de la Croix-Morand. Nous cheminons en file indienne vers le nord, au-delà de 1 600 mètres d'altitude, sur un sentier balayé par un noroît glacial. Le brouillard est épais, on n'y voit pas au-delà d'une vingtaine de mètres devant nous. En tête de file, c'est approximativement à hauteur du puy de Monne que j'aperçois une forme singulière à ras le sol, scintillant légèrement dans la brume. Quelques pas de plus nous permettent à tous de découvrir avec stupéfaction un vieux monsieur allongé sur la crête et drapé dans une couverture de survie au revêtement d'aluminium. Sa tête est soutenue par son sac, deux cannes anglaises sont posées à côté de lui. Il nous voit approcher avec un soulagement apparent : l'homme semble frigorifié et passablement épuisé. Chacun met sac à terre, je sors du mien un réchaud et une gamelle, fais bouillir de l'eau. Plusieurs quarts de café très sucré et des duvets dépliés dans lesquels le randonneur sinistré peut s'enrouler le réchauffent, ses joues rosissent, il peut parler. Il s'est laissé piéger par le mauvais temps la veille au soir. De mobilité réduite après un accident vasculaire cérébral, il ne peut se déplacer qu'à l'aide de ses cannes, trop lentement pour se dégager avant la tombée du jour. Il s'est alors protégé comme il le pouvait et a passé là sur le sentier cette nuit glaciale. Il ne sait pas si, sans aide, il serait parvenu à se remettre en route ce matin. Tous, nous encourageons le vieux naufragé des cimes, le félicitons, le réconfortons, le forçons à avaler autant de biscuits qu'il le peut. Il nous reste même quelques myrtilles au sucre, il s'en délecte. Je ne sais par quel mécanisme mental, je lui pose une question dont le caractère inapproprié, voire scandaleux, m'est vite apparu évident : « Mais, monsieur, qu'est-ce qu'un homme dans votre état peut-il bien faire par un tel temps en un tel endroit ? » L'homme me regarde d'abord, comme sonné par ma question. Il s'aide ensuite de ses cannes pour se mettre debout, son visage à hauteur du mien, surpris, réprobateur. Ses yeux à l'iris ourlé de blanc sont plantés dans les miens, un peu écarquillés, ils manifestent de l'incompréhension. Il tend vers moi un doigt accusateur. « Eh quoi, monsieur, vous voudriez peut-être me voir dans un hospice, quémandant après le pistolet ou le bassin ? » Il se tait quelques secondes, puis reprend : « Vous savez, monsieur, chacun choisit sa vie ! »

Je suis d'emblée bouleversé par sa réponse, submergé aussi par la confusion d'avoir osé une question si sotte et, en fait, méprisante. Le message du vieux randonneur est évident. Il n'est pas inconscient des risques qu'il court en parcourant handicapé la montagne. Il les assume car, lui, il a choisi la vie qu'il désire mener à son âge et dans son état. Il m'enjoint de faire de même. Cette injonction ne m'a plus jamais quitté, elle est exigeante, il est rare qu'on la suive au cours d'une existence en grande partie définie par des circonstances où autrui joue un rôle déterminant. Nos parents nous élèvent selon une tradition, dans une culture et au sein d'un milieu socio-économique dont les influences sont décisives. Elles se manifestent, avec les capacités propres de chacun et les occasions, dans les métiers que l'on exerce. La plupart de nos choix se limitent à accepter ou refuser des propositions que d'autres nous font. Même les amours ne peuvent guère naître qu'entre des personnes que leurs parcours et le hasard ont mises en contact. Rien de tout cela dans le choix de l'homme du Sancy. Tout poussait à ce qu'il soit chez lui dans un fauteuil ou à l'hospice plutôt que sur l'arête d'une montagne dans un froid glacial, personne ne l'avait incité à s'y trouver, il avait choisi sa vie. Je me suis par la suite maintes fois référé à son injonction de choisir parfois ma vie et de n'en pas laisser le soin aux seuls événements et aux autres. Je n'ai cependant pas eu de réelles occasions de la suivre : les positions que j'ai occupées, la place médiatique que j'ai prise doivent peu, à y regarder de près, à des choix réels. J'y ai été conduit, j'ai acquiescé à ce que les circonstances, des pairs et des autorités me proposaient. À une exception, cependant, liée à la marche : la décision en juillet 2011, à six mois du terme de mon mandat de président d'université, de ne pas faire ce qu'on attendait de moi – ce que font mes pairs en une semblable occasion –, mais de me transformer en chemineau vagabond sur les chemins de France.

L'homme réchauffé, rassasié, ragaillardi, je vais aussi vite que je le peux au bout du sentier de crête, descends au col de la Croix-Morand et obtiens que l'on mette en marche la remontée mécanique. Notre protégé en use pour rejoindre le col, nous nous retrouvons tous dans la cafétéria située près du départ du télésiège pour boire du chocolat chaud. À notre question sur ses intentions, notre nouveau compagnon nous répond qu'il poursuit sa marche, bien sûr. En chemin, il nous faut nous séparer. Nous poursuivons au nord vers les puys de Baladou et de la Védrine, lui suit une variante plein ouest vers Mont-Dore et La Bourboule. Il s'agit là d'une séparation physique car le souvenir de l'épisode ne quitte sans doute aucun d'entre nous jusqu'à Volvic et, en ce qui me concerne en tout cas, jusqu'à aujourd'hui. En particulier, j'associe le vieux marcheur handicapé du Sancy à mon émerveillement ressenti par une matinée magnifique depuis le sommet du puy de Dôme, au départ de la dernière étape de notre parcours. Nous dominons de là les jeunes volcans de la chaîne des Puys. Cônes parfaits aujourd'hui verdoyants, aux cratères intacts, ils se succèdent en l'un des paysages les plus pittoresques du pays. Il n'y a guère plus de dix mille ans qu'ils ont cessé de cracher de la lave et du feu, nos semblables d'alors ont été les témoins de ces éruptions. Ils se réveilleront peut-être. Choisir en dépit de l'âge et du handicap d'accéder à la jouissance de ce spectacle et de cette évocation, à toutes les jouissances possibles, d'ailleurs, rester autant qu'il se peut maître de sa vie jusqu'au terme du voyage, un bien bel objectif, en effet.

Blanc comme les cimes de la Maladeta

1985. J'ai pris l'année précédente la direction du grand laboratoire de pathologie moléculaire où mon équipe de recherche était déjà installée depuis dix ans ; mes travaux aboutissent à plusieurs succès notables. Ma vie est celle d'un chercheur et d'un responsable de structure de recherche : voyages à l'étranger, congrès, conférences, réunions, visites de pairs se succèdent. Je continue par ailleurs de voir et soigner des malades, prends de nombreuses et éreintantes gardes de réanimation. Tel Antée, le fils de Gaïa (la Terre), je me sens invincible à la seule condition d'irriguer mon corps et mon esprit de la sève de mère Nature, mes randonnées trisannuelles sont indispensables à mon équilibre, elles m'insufflent l'énergie nécessaire. Cependant, ma vie personnelle est difficile. Il y a plusieurs années déjà que mes relations avec mon épouse se sont dégradées, je rentre à la maison le ventre contracté, le souffle court, angoissé. Ma femme est sans doute dans le même état d'esprit.

C'est dans cette atmosphère que je l'ai rencontrée. Je dîne ce soir avec Elle, nous marchons côte à côte, rue Delambre. D'un coup, je sens mes jambes molles, j'éprouve comme un vertige, je m'appuie sur son épaule : « Tu vois, je suis si amoureux de toi que tu m'en fais tourner la tête ! » La vérité est moins romantique. Rentré chez moi, je m'écroule, inconscient. Les pompiers sollicités me conduisent à l'hôpital Cochin, où je travaille. Le diagnostic est aisé : j'ai une hémorragie digestive sévère liée à un ulcère duodénal. Dans un état de semi-conscience, j'entends le confrère qui m'a pris en charge prescrire qu'on me transfuse en urgence, cela achève de me réveiller. « Non, non, protesté-je, pas de sang, je refuse ! — Mais, tu es fou, tu es saigné à blanc ! — Peut-être, mais pas de transfusion sanguine, je ne prendrai pas le risque d'attraper le sida ! — Que vas-tu chercher là, tu te laisses intoxiquer par les nouvelles alarmistes, le danger est bien surfait ! » Je tiens bon. C'est que, rédacteur en chef d'une importante revue scientifique et médicale, j'ai moi-même annoncé quelques mois auparavant que, contrairement à une idée reçue qui prévalait à cette époque, le déclenchement de la maladie, alors toujours mortelle, est inéluctable chez les sujets contaminés. Je connais aussi le taux de contamination des flacons de sang. Il me faut des semaines avant de récupérer pleinement par mes propres moyens de mon anémie sévère. Cependant, dès juillet, je repars sur les chemins, de Briançon à Saint-Étienne-de-Tinée, dans les Alpes du Sud, seul avec Elle. Elle m'insuffle la vaillance dont mon anémie persistante me prive.

J'ai beaucoup randonné dans les Pyrénées, de l'océan Atlantique à la Méditerranée, par le GR 10 et, surtout, par la « haute route pyrénéenne » (HRP) dont l'essentiel du trajet passe sur le territoire espagnol. Après avoir parcouru avec mes amis randonneurs le trajet d'Hendaye au cirque de Gavarnie, ensemble nous attaquons en cette année 1987 le tronçon des Pyrénées centrales qui doit nous mener vers Bagnères-de-Luchon par la HRP, le massif de la Maladeta et le pic d'Aneto, point culminant des Pyrénées. Elle est de la partie. Nous approchons de la frontière en longeant le lac de Caillauas par le sud, puis celui des Isclots par le nord. La montée est rude ensuite vers le col des Gourgs-Blancs enneigé. Piolet et crampons sont de rigueur presque jusqu'au lac du Portillon et le redeviennent plus loin vers le glacier qui, à l'époque au moins, occupait l'espace entre les pics Perdiguère et de Maupas. Après le col de Litérole à près de 3 000 mètres, je conduis la petite troupe qui me suit bien trop à gauche, au nord de la Forca de Remuñe. Les devançant d'une cinquantaine de mètres, au détour d'un bloc je suis saisi d'effroi : nous sommes au-dessus des séracs en bout de glacier, dominant le fond du cirque d'un vertigineux à-pic de quatre cents mètres. Nous ne sommes pas encordés, la moindre glissade serait fatale. Les autres n'ont pas encore perçu le danger ; le cœur battant mais tâchant de masquer mon émoi, je me retourne, faussement désinvolte : « Il vaut mieux, je crois, remonter un peu et prendre plus à droite, de l'autre côté du piton rocheux. Ce sera plus facile. » Sans se douter de rien, tout le monde s'exécute, nous retrouvons la piste et, par un petit col, rejoignons le sentier qui descend vers le val de Remuñe et l'hôpital de Benasque.

Je marche, silencieux, en sueur, la bouche sèche et le souffle court malgré la descente ; ma terreur rétrospective a du mal à se dissiper, ma responsabilité était entière. Je décide de nous octroyer un bon moment de repos, le temps de se désaltérer, de souffler. Moi, en tout cas, j'en ai besoin. C'est ensuite la montée d'environ quatre cents mètres vers le refuge de la Renclusa, le camp de base du pic d'Aneto. Cette bien modeste ascension m'apparaît néanmoins pénible. La soirée est infestée de moustiques, la nuit courte, blanche en ce qui me concerne. J'explique ma sensation persistante de malaise par les contrecoups des périls de la veille et mon sentiment de culpabilité. Tout le monde sur le pont avant 3 heures du matin, il nous faut être au sommet pour le lever du soleil. Je me sens faible, je ne peux suivre Paul, le fils d'un ami présent, étudiant aux États-Unis. C'est un garçon de moins de 20 ans, grand sportif, qui compte déjà deux marathons de New York à son actif. J'ai couru autant de marathons de Paris et suis plus aguerri à la marche et à la montagne que lui. Ce matin-là, il file devant, au milieu des randonneurs nombreux, sur le sentier, bientôt sur un pierrier accidenté, puis sur la pente enneigée du glacier de la Maladeta. Tentant de le suivre, je m'arrête vite, hors d'haleine, et me contente de régler mon pas sur celui du reste de la troupe. Même cela m'est difficile, je ne comprends pas ce qui m'arrive. Nous longeons la crête dentelée du Portillon, grimpons par un raide couloir de terre au pic du Portillon supérieur pour franchir l'arête et rejoindre le pierrier et, presque aussitôt, la base du glacier, où nous fixons les crampons à nos souliers.

Les premières lueurs de l'aube nous permettent de distinguer maintenant les plus de 3400 mètres de l'Aneto à l'extrémité de la crête. Il me faut tous les cent mètres m'arrêter un instant et, appuyé sur mon piolet, tenter de reprendre mon souffle. Nous approchons, je n'en peux plus. Le retour final vers l'arête faîtière, en principe sans difficulté, me met dans l'état que j'imagine être celui de l'alpiniste atteignant l'Everest. Nous voilà enfin au pont de Mahomet, bien enneigé. Quelques mètres encore et c'est le sommet, bien après le lever du jour : j'ai sans conteste été lent. Le spectacle est pourtant grandiose, il me réconforte des souffrances de la montée que je ne parviens pas à m'expliquer. La brume stagne vers 3000 mètres, rien n'altère la limpidité de l'air sous le dais céleste d'un bleu encore léger. Les sommets de plus de 3000 mètres émergent d'une nappe nuageuse lisse de couleur crème un peu nacrée, leurs faces scintillent sous la caresse des rayons presque horizontaux du soleil. Je reconnais les pics de la frontière, le Perdiguère et le Maupas, entre lesquels nous sommes passés hier. Du côté espagnol, ce sont les picots de la crête que nous avons longée et franchie : pic de la Maladeta, pic Maldito, pic de Coronas au nord, pic Russell au sud. La descente m'est heureusement moins pénible que l'ascension mais je ne me sens guère vaillant. Nous restons à l'est de la chaîne pour rejoindre un petit lac où nous décidons de nous restaurer. Peut-être suis-je depuis ce matin en hypoglycémie ? Non, ce n'est hélas pas cela, j'extériorise une très importante hémorragie digestive, ce maudit ulcère duodénal saigne à nouveau. Beaucoup. Elle fouille immédiatement dans ses affaires et me tend des comprimés du médicament en principe salvateur : sans rien m'en dire, elle s'en était munie au départ de Paris.

Branle-bas de combat, quand même. Que faire ? Seul un hélicoptère serait en mesure de m'évacuer, vers un hôpital espagnol dans un premier temps. Il faudrait ensuite organiser mon rapatriement. Je décide de tenter de rentrer en France, d'aller jusqu'à Luchon par mes propres moyens. Personne n'essaie vraiment de m'en dissuader, sans doute sont-ils peu conscients de la gravité de l'hémorragie. Nous voilà repartis pour le refuge. Arrivé, claquant des dents, je me glisse dans mon duvet et reste allongé sur ma couchette jusqu'au lendemain. On m'apporte quelques menues nourritures auxquelles je touche à peine. J'ai surtout une soif presque inextinguible, je bois des litres d'eau. À nouveau je ne peux fermer l'œil, la nuit est longue. J'ai l'impression que ma tête est prête à éclater, les ronflements divers des dormeurs du dortoir y résonnent, comme amplifiés dans une chambre à écho, le vacarme dans mon crâne est insupportable. Malgré mon air faraud, je suis bien entendu fort inquiet, je continue sans doute à saigner. Serai-je capable dans mon état de grimper les quelque huit cents mètres de dénivelé depuis la vallée jusqu'au port de Venasque et la France ? Cette épouvantable nuit s'achève enfin, direction Bagnères-de-Luchon via Hospice-de-France. La descente du refuge à l'ancien hospice de Benasque se passe sans problème, mais les premiers lacets du sentier vers le col du Portillon me déchirent la poitrine. Je ne peux suivre les plus lents de mes compagnons. Elle reste à mes côtés, silencieuse, inquiète. Pourtant, un pas lourd après l'autre, je progresse, le cœur si rapide qu'il m'apparaît pouvoir se décrocher. Encore cinquante mètres à monter, que c'est dur ! Nous y sommes, Elle me sourit. Elle m'aide à gravir encore quelques rochers à gauche du col, nous déposons nos sacs et nous asseyons sur des blocs arrondis. Mon essoufflement m'empêche de parler, Elle se tait. Le spectacle ne mérite aucun commentaire, la beauté s'impose. Au pied du col, les trois « boums » (lacs) du port occupent trois cuvettes d'altitudes déclinantes vers le refuge de Venasque, leurs surfaces lisses prennent des teintes différentes : le lac supérieur, le plus grand, est un miroir fidèle de l'azur du ciel, ce matin encore sans nuages ; le suivant a des reflets émeraude ; l'inférieur, juste une flaque depuis le port, semble jouer avec le soleil et lui emprunte une teinte dorée. Il n'y a plus maintenant qu'à se laisser glisser jusqu'au refuge, puis jusqu'à Hospice-de-France et, par un bon chemin à droite de la petite route, gagner la cabane de Barguère puis le pont de Lapadé sur la rivière La Pique. Nous sommes à l'entrée de Bagnères-de-Luchon, terme de la randonnée. J'y suis arrivé. Par mes propres moyens mais non pas seul. Avec Elle. De retour à Paris, les examens sanguins confirmeront la gravité de l'hémorragie : mon taux d'hémoglobine est réduit de moitié, 7,5 grammes par décilitre de sang au lieu de 15. J'ai sans doute saigné d'environ deux litres. Pourtant, nous repartirons une fois de plus tous les deux dès le mois de septembre. Cette fois, c'est à Elle de m'attendre dans les côtes, de Font-Romeu jusqu'à la mythique montagne des Catalans, le mont Canigou abordé par le sud. La descente de plus de deux mille mètres vers Prades au nord semble interminable, de plus en plus torride. En sueur, épuisés, nous chérissons l'épreuve puisque nous l'affrontons ensemble. Nous nous aimons.

Chemins amoureux

Durant huit ans, je chemine avec Elle. Trois fois l'an, nous partons en montagne. Ma petite tente est notre refuge, les alpages et leurs murailles rocheuses notre palais, marmottes, isards, chamois et bouquetins nos compagnes et compagnons. Nous emportons au moins trois jours de ravitaillement, si bien qu'il nous est inutile de redescendre souvent dans la vallée. L'eau claire des torrents nous désaltère, dès l'aube elle nous réveille, nous stimule et nous lave. Les soirées sont délicieuses. Le camp monté, nous revêtons des vêtements plus chauds et explorons le site, tentons de dénommer toutes les fleurs, guettons les animaux, admirons nez en l'air les rapaces qui tournoient, exerçons notre oreille au chant des oiseaux. En altitude, nous tâchons de ramasser des racines d'arbustes séchés pour la flambée du soir ; parfois, plus bas, des fougères pour faire des matelas moelleux. Un repérage de l'itinéraire de départ le lendemain nous permettra d'éviter une perte de temps, surtout si l'étape s'annonce longue et difficile. Main dans la main, nous attendons l'heure de cuisiner sur notre petit réchaud. Puis, le repas pris, la vaisselle faite, nous guettons les étoiles qui s'allument dans un ciel maintenant sombre, faisons étalage de nos connaissances : voilà la Petite Ourse, en forme de casserole, et l'étoile Polaire au bout du manche ; la Grande Ourse, immobile. Les Gémeaux, en dessous de Vénus. Et nous, partout. Il est temps d'entrer dans la tente, maintenant, de s'aimer. Que la nuit est belle. Nous marchons l'hiver aussi dans la vallée de Freissinières, skis ou raquettes aux pieds. Des Vosges aux Alpes françaises et italiennes (mont Viso, glacier de l'Argentera) et aux Pyrénées de part et d'autre de la frontière, jusqu'aux monts et collines provençales et aux calanques, à la Corse, et même à l'ouest des États-Unis, il me reste une multitude d'images, je les imagine partagées. Fermant les yeux, elles se projettent avec netteté sur l'écran de ma mémoire. Je souris, ému, en en décrivant certaines.

Les unes sont lumineuses, pas une once de tristesse ne les traverse, elles sont d'un temps où l'incertitude n'avait pas cours. Le temps de la communion. Partis de Vicdessos dans l'Ariège, nous sommes début juillet montés directement au Montcalm et à la pique d'Estats, avons traversé la principauté d'Andorre et, par le pas de la Casa et le col de Puymorens, atteignons maintenant l'étang de Lanoux (Estany de Lanós). Nous nous dirigeons ensuite plein est vers le pic Carlit qui domine de ses 2921 mètres un alpage aux alentours de 2400 mètres. Il n'est pas 17 heures lorsque nous décidons de monter le camp. La soirée promet d'être longue. Et belle. Une journée bénie, une lumière déjà méditerranéenne, l'altitude qui rend, même en plein soleil, la température agréable : nous sommes heureux. Nous avons tout le temps de nous promener sur le plateau à l'herbe rase, de guetter les marmottes, de suivre les ruisselets qui, masqués par des arbustes nains, rhododendrons et genévriers, s'écoulent dans des rides du terrain entre de très petits lacs, des flaques plutôt. Les pensées décorent la pelouse de taches multicolores, les bleuets abondent, l'arnica est en fleur, un enchantement. L'impressionnante pyramide à peine tronquée du Carlit veille sur nous, rien ne peut nous arriver. Nous avons amassé un modeste tas de branches et de bouses séchées ; nous nous rapprocherons à la nuit tombée de la flamme frêle mais à la chaleur douce d'un petit feu. Côte à côte, nous nous allongeons sur l'herbe, la tête légèrement relevée par une brassée de rhododendrons, nous contemplons, intimidés, l'impressionnant géant dont l'ombre s'allonge démesurément vers l'est. Il apparaît inaccessible mais plutôt bienveillant, ce soir ; il sera bien temps de nous confronter à la rude ascension qui s'annonce demain, savourons l'instant. Puis, les yeux fermés, nous laissons la magie opérer, celle des splendeurs de la montagne, de l'émotion partagée qui décuple la force de l'attachement, l'amour, dit-on. Nous souhaitons à cet instant que tout se fige dans l'apothéose du site et du sentiment ; nous le savons impossible, nous l'aimerions tant ! Comme nous le pressentions, le mont Carlit se mérite. Le petit sentier sinueux et pentu qui permet d'accéder au sommet ne ménage aucune pause sur cinq cents mètres de dénivelé. Cependant, l'effort consenti, le marcheur est saisi d'émerveillement. De l'autre côté du pic s'étend un merveilleux paysage lacustre jusqu'à la grande retenue des Bouillouses. Des lacs de tailles diverses occupent toutes les déclivités d'un plateau granitique tourmenté, leurs surfaces prennent ce matin-là différentes nuances de bleu : plus foncé, saphir, au pied du pic ; plus clair, électrique, au loin. Il nous reste à redescendre de notre promontoire, à cheminer entre les pièces d'eau, à entrer dans une petite forêt. Nous sommes à Font-Romeu. Encore quelques jours à passer en Cerdagne et dans le Conflent, avec la visite de Saint-Martin du Canigou, de l'abbaye de Saint-Michel de Cuxa et autres merveilles de la vallée de la Têt, puis retour à Paris. Nous occupons tous deux le centre d'un univers que nous avons créé, il est le présent et nous ne doutons guère qu'il soit l'avenir.

C'est d'ailleurs ce que je lui signifierai quelques années plus tard dans les Vosges, par ce qui reste pour moi le serment du col de la Schlucht. Nous sommes, depuis le col, descendus par le pittoresque sentier des Roches, puis nous sommes remontés au sommet du Hohneck, avons parcouru les crêtes et sommes de retour au col. Il nous reste un peu de temps avant l'excellent déjeuner que nous avons décidé de partager à l'hôtel-restaurant du col, nous nous éloignons de la route vers le versant alsacien de la montagne. Bien au-dessus du lac Vert, nous nous allongeons dans une prairie fleurie et échangeons les propos sans importance des amoureux qui réaffirment leur lien. C'est alors que je lui fais ce qui reste sans doute la plus puissante déclaration d'amour que je puisse exprimer : « J'aimerais vieillir avec toi ; nous vieillirons ensemble et ce sera bien. » Plus de dix ans auparavant, sur les pentes du mont Incudine en Corse, la conscience brutale que je ne verrais pas vieillir mon père et ne partagerais pas avec lui les élans que l'épreuve du sublime éveille en moi m'avait plongé dans un violent et bruyant désespoir. Je suis là confiant, et pour ma part déterminé, je vieillirai avec Elle, tel est pour moi à cet instant l'avenir désirable. Chaque jour nous rapprochera du terme de notre commun voyage mais sera aussi transfiguré par le souvenir exalté de ce qu'on a connu et vécu d'un même élan, animés d'une même passion. Ce n'est en définitive pas de cette façon que les choses évolueront, mais l'empreinte de nos pas reste profonde en mes pensées, ce livre en témoigne.

Impression, soleil levant. Le titre donné par Claude Monet à sa toile fondatrice de l'impressionnisme convient aussi aux étincelantes tranches de vie évoquées ici. L'une d'entre elles, de ce temps de la communion, a pour cadre le massif de Marseilleveyre par lequel je débute une randonnée d'automne vers les calanques, Cassis, puis La Ciotat. J'ai donné ce 31 octobre après-midi une conférence au centre d'immunologie de Marseille-Luminy. Elle m'a accompagné, nous sommes tous deux descendus de Paris avec nos sacs de randonnée. Sitôt le centre quitté, nous nous sommes équipés et avons pris le bus pour Les Goudes. Un sentier part de la corniche et monte droit dans le massif ; il est déjà 17 heures lorsque nous nous y engageons. Nous sommes bientôt sur le plateau de l'Homme-Mort, la roche calcaire karstique rend la marche difficile sur une surface creusée de petites cavités et hérissée d'arêtes de pierres effilées et coupantes. La végétation se limite à des lichens et des mousses séchées couvrant la roche, à quelques herbes jaunies qui poussent dans la fine lame de terre accumulée dans les cupules creusées dans le calcaire. Le soir tombe vite début novembre, le plateau n'offre nul lieu pour s'allonger, à peine une surface pour s'asseoir. Comment allons-nous passer la nuit ? Ma hâte de commencer à marcher après ma conférence a été telle que je ne me suis guère posé la question, Elle non plus. Il fait déjà nuit lorsque nous passons à proximité d'une cavité dans la roche, comme une alvéole de catacombe destinée à recevoir des cercueils. Deux y tiendraient sans peine, nous aussi, dans environ deux mètres de long, un mètre cinquante de large et moins d'un mètre de haut. Des bêtes l'ont utilisée comme refuge ou tanière, ses parois intérieures sont lisses. Des poils mélangés, sans doute de chiens et de chèvres, sont disséminés sur le sol. Une odeur fauve persiste dans l'anfractuosité. Qu'importe, l'abri est inespéré. Avant de nous y engouffrer pour une nuit brève, nous avalons notre casse-croûte, sommairement assis devant notre mini-grotte. La température reste clémente, la nuit est maintenant profonde, seules les étoiles et une lune en phase croissante répandent une douce et faible lumière. Des navires passent au large et, à nos pieds, la grande ville brille de tous ses feux. Les maisons apparaissent minuscules d'où nous sommes, mais certains bruits nous parviennent distinctement. Un chien aboie, un bébé pleure, une femme appelle quelqu'un. Si loin, si près, l'impression est saisissante, nous sommes aux aguets, comme des anges attentifs qui du ciel verraient et entendraient tout mais que les mortels ne sauraient détecter. C'est cela, en fait, nous sommes des anges, que pourrions-nous être d'autre ? Le froid se fait maintenant plus vif, nous nous glissons tout habillés dans nos duvets et nous faufilons dans notre miraculeux refuge, bien calés l'un contre l'autre. Le sol est dur malgré nos fins matelas de mousse, mais nous le ressentons à peine. Les deux angelots sont réunis dans un merveilleux berceau caché au cœur d'un nuage, ou bien ont rejoint pour la nuit la matrice de la terre. Ils sortiront dès le lever du jour de leur providentielle tanière, pleins de l'énergie insufflée non par un sommeil profond – il ne faut pas rêver – mais par une merveilleuse insomnie partagée d'un même souffle. Ce sera un nouveau jour, si beau lui aussi. Un petit déjeuner à la pointe de Sormiou, puis les calanques de Morgiou, de Sugiton avec son si pittoresque îlot, le torpilleur. Les blanches falaises du Devenson, et encore les profondes calanques d'En-Vau, de Port-Pin et de Port-Miou, leurs eaux turquoise aux fonds par endroits blancs. Après une soirée à Cassis, nous grimpons jusqu'à la Couronne de Charlemagne qui précède les falaises Soubeyranes du cap Canaille, puis La Ciotat. Nous nous approchons de ce belvédère, juste au bord de la falaise, face à la mer trois cents mètres plus bas. Un coup d'œil vers les calanques et les falaises du Devenson à l'ouest, La Ciotat à l'est, la surface scintillante de la Méditerranée devant, nous écartons les bras, nos doigts s'effleurent. Nous sommes deux anges prêts à prendre leur envol.

Déception, on tourne en rond

Le vent d'autan dégage les nuages mais impose au plateau du Caroux, au nord-ouest de Béziers, une atmosphère glaciale. Pâques tombe fin mars, cette année-là. Nous avons prévu de le traverser vers l'ouest en direction de la vallée de l'Agout, puis de la Montagne noire. Elle m'apparaît rayonnante, comme toujours, avec un je-ne-sais-quoi de plus. Un sourire conquérant accroché aux lèvres, la tête plus altière que jamais, le monde est à Elle, l'avenir, surtout. Je suis sa consentante conquête mais ce n'est pas d'aujourd'hui, je ne comprends pas ce qui lui arrive, j'en suis surpris mais ravi. Rien n'entame son enthousiasme énergique, ni le froid vif qui s'installe, le ciel qui se couvre, la petite neige qui se met à tomber. Il fait si froid que nous dégustons notre pique-nique debout, sautillant sur place pour nous réchauffer. Nous trouvons en descendant du plateau un coin abrité et plan tapissé d'une herbe encore basse, nous y dressons la tente. Il fait un froid de gueux, aussitôt le dîner avalé nous nous y engouffrons pour nous réchauffer l'un l'autre. Elle semble toujours en état de grâce, de quasi-lévitation. Allongée, Elle m'ouvre son duvet, m'invite à l'y rejoindre et, blottie contre moi, me révèle ce qui la transporte et l'exalte : Elle pense être enceinte, attendre notre bébé. Jamais cette perspective ne m'avait effleuré l'esprit. Père déjà, je n'aspirais pas à le devenir à nouveau. Elle n'était pas mère, et ne m'avait jamais évoqué vouloir le devenir. Cependant, je suis touché du sentiment de bonheur qu'Elle manifeste, je m'y associe. Nous partageons le lendemain, malgré un temps détestable, le même optimisme joyeux, qui cesse le soir au coucher dans un petit hôtel de la vallée. Non, fausse joie : Elle ne sera pas maman, je ne serai pas à nouveau père, de notre enfant cette fois. Elle ne dit plus rien, je ne sais s'il me faut la consoler ou, comprenant sa déception, respecter son chagrin. Je m'arrête à la seconde attitude. La nuit est longue, le matin sombre, dans tous les sens du terme. Il pleut à verse, des herses d'une pluie glaciale et serrée, parfois en bourrasques, qui tombe d'un ciel d'où l'espoir s'est enfui. Nous nous mettons malgré tout en route, silencieux dans nos capes. Nos silhouettes courbées progressent comme à regret sous un déluge sans répit, sur un chemin forestier que nous croyons nous mener toujours plus loin vers l'ouest. Les trombes d'eau qui nous douchent copieusement nous empêchent de faire halte ne serait-ce qu'un instant pour vérifier notre itinéraire sur la carte, nous cheminons dents serrées et cœurs en berne. Vers midi trente, nous avons parcouru au moins vingt kilomètres, nous nous regardons, intrigués, de plus en plus mal à l'aise. Pas de doute, l'endroit où nous parvenons nous rappelle quelque chose : c'est précisément celui d'où nous sommes partis, plus de quatre heures auparavant. Écœurés, nous rentrons à Paris.

Les chemins qui divergent

Enivré par la puissance du sentiment amoureux, j'éprouve le besoin de témoigner de notre passion en lui offrant un cadre à sa mesure, de plus en plus engagé, exceptionnel, presque dangereux puisque je nous juge invulnérables. Comme un défi orgueilleux qu'exigerait notre lien pour s'éprouver dans toute sa puissance. Je nous crois inaccessibles au doute, je n'imagine pas qu'Elle puisse le ressentir. J'ai tort, les indices s'accumulent, je ne leur donne pas d'importance. Notre communion semble devenir moins étroite, j'en suis responsable mais ne le perçois pas. Je l'aime, certes, éperdument. Mais quel est vraiment l'objet de cet amour ? Elle-même dans sa singularité ou bien un peu aussi un double féminin que je suppose évidemment partager ma témérité ? Sans m'en enquérir, sans le vérifier, je persiste dans une sorte de fuite en avant. Je l'entraîne dans des itinéraires incertains, vertigineux, éreintants, dans un processus absurde, son malaise se manifeste de plus en plus souvent, je ne lui accorde pas de réelle importance. Je feins de mépriser les GR et, sur les « hautes routes » (HRP et « haute route alpine »), je choisis chaque fois que possible les variantes signalées pour leur difficulté. Les dénivelés dépassent les quinze cents mètres quotidiens, les étapes sont longues, je la vois à plusieurs reprises épuisée.

Plusieurs épisodes me reviennent en mémoire qui illustrent cette évidence qui m'a échappé à l'époque : nous ne cheminions plus d'un même pas. Nous sommes partis en juillet 1992 pour Embrun, en pleine grève des routiers qui bloquent aussi les voies ferrées. Le gouvernement de Michel Rocard fera appel aux blindés de l'armée pour dégager routes et rails. Il nous a fallu vingt heures pour parvenir par le train à Embrun, le voyage a été épique. Ne pouvant nous mettre en route avant la fin de l'après-midi, nous rattrapons le temps perdu durant les étapes suivantes, de ce fait bien plus longues et fatigantes que prévu. Après Barcelonnette atteint par le col des Orres, nous passons sous le mont Pelat, dominons le superbe lac d'Allos, franchissons le col de la Petite Cayolle pour faire étape au col routier du même nom où se dresse un refuge. J'en garde plus de vingt-cinq ans plus tard l'image tendre, presque déchirante, d'un enfant qui nous adopte. C'est le petit garçon de 5 ou 6 ans de la gardienne du gîte, une jeune femme seule un peu paumée. On la devine en difficulté, elle a trouvé dans ce job d'été le moyen d'offrir à son fils des vacances au bon air. Il ne passe pas grand monde par là, nous sommes les deux seuls usagers ce soir. Après notre arrivée en milieu d'après-midi, Elle descend en stop à Barcelonnette pour quelques emplettes. Pendant ce temps, j'inspecte le matériel, recouds ce qui doit l'être, réimperméabilise nos chaussures et la tente.

Le garçonnet s'attache à moi, il ne me quitte pas, silencieux, des yeux ronds grands ouverts. Je dresse pour lui notre palais de toile sur la pelouse du col, il s'y engouffre, sort, entre à nouveau, sourit enfin. Puis c'est une course-poursuite autour de la tente, il rit, maintenant il s'esclaffe. Elle revient, se joint aux jeux, nous sommes bien tous trois, sous l'œil attendri de la maman. Au dîner à la table d'hôte, je raconte des histoires, les yeux de l'enfant brillent, leur joie nous illumine. Une fois qu'il est couché, nous devons aller lui faire un bisou pour qu'il s'endorme. Le lendemain, sa maman le lève pour nous dire au revoir, sa bouille mal réveillée m'apparaît triste. Bisous, il nous faut maintenant nous mettre en route, remonter en écharpe le versant est du col routier en direction d'un petit passage dans la crête. Souvent, nous nous retournons, le garçon est là, immobile sur le pas de la porte du refuge, il nous suit du regard. Enfin au collet, nous allons basculer de l'autre côté, ultime coup d'œil en arrière, notre petit ami n'est plus qu'un point sur l'herbe, devant la maisonnette. Mes jumelles nous permettent de le voir mieux une dernière fois, il n'a pas bougé. Mes yeux s'embuent, je crois que ses yeux à Elle se voilent. Notre premier petit, notre seul. Nous rejoignons Saint-Dalmas-le-Selvage sans rien vouloir s'avouer l'un à l'autre, un peu mélancoliques. Plus riches, aussi : quel trésor que le regard confiant d'un enfant !

La vallée de la Tinée traversée, l'ascension vers le mont Ténibre, un trois-mille de la frontière avec l'Italie, est délicate. Un long couloir nord est totalement enneigé, il nous faut pour l'escalader creuser au piolet marche après marche. Nous sommes déjà montés au sommet du Ténibre lors d'une randonnée antérieure qui s'était terminée à Saint-Étienne-de-Tinée et avons gardé un vif souvenir des multiples lacs d'altitude qui bordent la frontière, du côté français, au nord du lac de Rabuons. Nous y bivouaquons et, le lendemain, commençons à longer la frontière, d'où nous devons en principe redescendre vers le village d'Isola, fin prévue de notre périple d'été. Nous cheminons cependant un peu trop bas. Je constate mon erreur environ au niveau des lacs de Colle-Longue : des barres rocheuses nous empêchent de progresser. Je décide de remonter vers la crête mais nous tombons sur une longue faille étroite et profonde qu'enjambe un pont de neige tassée d'un bon mètre cinquante d'épaisseur. Il me semble repérer de l'autre côté les cairns salvateurs, et par conséquent l'itinéraire correct. Je sonde le pont avec mon piolet, il m'apparaît solide, je m'y engage avec précaution. Ça tient et j'avais bien vu, je retrouve le balisage et une ébauche de sentier de l'autre côté. Je l'invite alors à me rejoindre. Figée, Elle semble hypnotisée par le vide entre les deux parois qui se font face, Elle est incapable d'avancer. Je la rejoins alors, tente de la rassurer, lui fait valoir qu'Elle est plus légère que moi, rien n'y fait, elle tremble. Qu'à cela ne tienne, Elle ne peut me suivre sur mon chemin, je resterai sur le sien. Nous redescendons tous deux plusieurs centaines de mètres pour contourner les barres puis, après un bivouac près d'un laquet, rejoignons la frontière et notre itinéraire. Le détour a pris une journée de marche et nous a coûté beaucoup d'efforts, mais des efforts conjoints. Je les aime. Ils seront bientôt insuffisants.

Nous avons en 1993 rejoint avec Jean-To la station d'Isola 2000 afin de débuter à trois notre randonnée en Italie par les glaciers et les sommets de l'Argentera. Nous passons le Colle del Chiapous, longeons par l'est la Cima Sud dell'Argentera, puis le Lago del Chiotas, et revenons en France par le col de Fenestre, pour redescendre sur Saint-Martin-Vésubie. Là, Jean-To nous quitte. Nous retournons alors vers la frontière où nous attend le mont Gélas, point culminant des Alpes-Maritimes à 3 143 mètres. La cime est accessible par un grand névé fort incliné mais, crampons aux pieds et piolet en main, sans difficulté. Elle s'y engage à peine et décide aussitôt de me laisser poursuivre seul l'ascension. Je lui vante la beauté de notre couple vibrant sur le toit de la région d'un même émerveillement devant les cimes de l'Argentera, du Ténibre et du Mercantour encore décorées de guirlandes blanches. Les lacs nombreux miroitent sous l'ardeur du soleil méditerranéen, les parois calcaires évoquent d'improbables dentelles dont la couleur claire tranche avec leur écrin de verdure fleurie. Partout l'eau jaillit, elle cascade, chante, éclabousse, projette une multitude d'étincelles argentées dans une bruine où les rayons de lumière se décomposent en de petits arcs-en-ciel accrochés à la montagne. « Comment, je jouirais de ce spectacle et tu n'en jouirais pas ? » Rien à faire, Elle ne m'accompagne pas, je monte seul, tristement. Le spectacle est tel que je lui ai annoncé, mais sans Elle il perd toute saveur, il accroît la douleur physique de son absence. Je ne m'attarde pas et la rejoins. Je ne sais pas alors que cette péripétie n'est que la première d'épisodes semblables où Elle me laissera achever seul une ascension. En hiver, depuis la vallée de Freissinières dont je reparlerai, à skis ou raquettes aux pieds, elle ne me suivra pas jusqu'au sommet de la Tête-des-Raisins, d'où la vue sur l'ensemble Écrins-Pelvoux est à couper le souffle. Elle préférera même m'attendre dans la vallée plutôt que d'emprunter avec moi l'itinéraire d'hiver vers Dormillouse, certes raide, enneigé et un peu glacé, mais bien tracé. Pour revenir au massif du Gélas, nous descendons un peu, après que je l'ai rejointe, et plantons notre tente à quelques mètres du petit lac Cabret, à l'ouest de la crête du mont Colomb au Gélas. Nous sommes de la sorte seuls, l'arête faîtière nous sépare de la très touristique vallée des Merveilles. L'altitude est élevée encore, supérieure à 2600 mètres. Un névé venant de l'arête faîtière traverse la pelouse des rives du lac encaissé dans une conque rocheuse, des ruisselets assagis l'alimentent. Elle se change puis s'étend sur son matelas de mousse à quelque distance de la tente, dans une flaque persistante d'un soleil qui décline, Elle ferme les yeux. Assis à quelques mètres sur un rocher arrondi, je la contemple, fasciné et songeur. Dans ce décor incroyable, image la plus probable d'un jardin d'Éden des marcheurs amoureux, Elle irradie une beauté lasse et touchante. Ses cheveux bruns coupés très court m'évoquent la pie de Claude Monet perchée sur la barrière de bois d'un jardin enneigé. Ses lèvres pâles frémissent parfois. Dieu que je l'aime ! À quoi pense-t-elle ? Seule la fatigue explique-t-elle cette ombre que je crois parfois voir couvrir son visage ? Sans doute, toute tristesse semble le lendemain dissipée. Après un détour très tôt le matin par les gravures rupestres de la vallée des Merveilles, nous remontons vers la baisse de Valmasque et nous engageons dans la vallée de Fontanalba. D'importants névés persistent sur la face nord du mont du Grand Capelet, un plaisant spectacle s'y déroule. Tout un groupe de chamois s'assemble au sommet de l'un d'entre eux et, à tour de rôle, les animaux s'assoient sur la neige, les pattes de derrière allongées, ils se laissent glisser jusqu'en bas. Ils remontent alors, rejoignent leurs congénères et prennent leur tour pour une nouvelle glissade. Le toboggan des Merveilles ! Plus bas, nous tombons sur un bouquetin mâle aux cornes impressionnantes, assis lui aussi mais au sommet d'un gros rocher. Il apparaît fort occupé. Notre approche ne le gêne guère, il continue de frotter un sexe en érection de belle taille sur les lichens qu'il abrase. Décidément, partout la vie palpite, là-haut ! Le ciel se couvre cependant, nous en connaissons la signification. Si proches du mont Bégo et de ses dépôts ferrugineux, les orages sont ici terribles, ils ont inspiré les graveurs préhistoriques des vallées des Merveilles et de Fontanalba. À hauteur des lacs Vert et Noir, les éléments se déchaînent soudain, foudre, pluie, grêle lourde. Il n'y a aucun abri pour nous protéger, seulement une cavité ménagée entre les rochers dans laquelle nous enfilons nos têtes et le haut de nos corps. Le reste, nos fesses et nos jambes, est criblé de grêlons si gros que la marque de leurs impacts persistera. Enfin, l'orage se calme, nous reprenons notre descente vers Casterino, où nous parvenons évidemment trempés. Les vêtements en réserve dans nos sacs, insuffisamment protégés, sont eux aussi mouillés. Un grand soleil revient, nous les étalons et suspendons, tout est réparé. Nous grimpons le lendemain sur des crêtes qui dominent le lac Vert ; le soleil est sans partage. Là, plusieurs touffes d'edelweiss nous enthousiasment, j'y vois un présage heureux : nous avons tant encore à découvrir et à partager !

Depuis Luchon, nous sommes cette année-là partis vers l'Ariège, nous prévoyons de descendre de nos montagnes par Vicdessos. J'ai un faible pour les Pyrénées ariégeoises, leurs vallées de plusieurs dizaines de kilomètres, les hauts sommets de la frontière et de la Catalogne auxquels on accède par de longues marches, une atmosphère plus sauvage qu'ailleurs. Après avoir emprunté le GR 10, nous passons en Espagne, par le port d'Aula ou celui de Salau, ma mémoire est ici infidèle. Nous continuons ensuite par la HRP vers Alós d'Isil, Noarre et le pic de Certescans. Notre projet est de repasser la frontière par le port de l'Artigue pour redescendre la vallée éponyme jusqu'à la petite route qui nous mènera à Vicdessos. Après le grand lac, le tracé est de plus en plus mal indiqué, nous nous enfonçons dans le terrain accidenté en direction de la pointe des Trois Comtes. Au bas d'un éboulis, nous arrivons à un laquet, une « laguna », que je crois reconnaître sur la carte. Ils sont cependant légion dans cette zone, je n'ai aucune certitude. Le terrain est barré au nord et à l'est par une pente raide qui doit aboutir à la frontière. Le tour de la laguna ne me révèle aucun itinéraire possible de dégagement. Nous sommes dans un cul-de-sac, il nous faudra demain revenir sur nos pas. En attendant, l'après-midi est bien avancé, nous montons notre tente sur une langue d'herbe sèche à quelques mètres de l'eau. L'endroit est étrange, une atmosphère de tragédie semble y régner. Au milieu d'une pierraille où seules persistent quelques fleurs desséchées, les squelettes de veaux, brebis et isards, d'après ce qu'il me semble, sont épars. Nous sommes dans une cuvette bordée par la crête frontière, aucun souffle d'air ne parvient jusqu'à nous, la chaleur est encore écrasante. Quelques corneilles nous observent à distance, un couple d'aigles dessine des arabesques au-dessus des sommets. Comme une menace. Nous nous réfugions à l'ombre d'un gros bloc rocheux et, épaule contre épaule, face à l'eau et à la paroi, nous attendons, en silence. C'est alors que nous le voyons très distinctement de l'autre côté du petit lac. L'animal est de belle taille et de fourrure claire, il court en montant légèrement sur le terrain qui s'élève fortement à partir de la rive est. Un ours, sans aucun doute, le seul en liberté que j'ai vu dans nos montagnes. Nous l'imaginons auteur des massacres commis alentour. Des cauchemars troubleront cette fois une nuit angoissée. Le réveil est particulièrement matinal, nous déguerpissons aussi vite que nous le pouvons de ces lieux peu accueillants. Nous trouvons bientôt quelques cairns qui nous conduisent au port de l'Artigue, la longue descente commence. Je ne le sais pas encore, ce sera notre dernière randonnée commune.

La randonnée qui nous mène de Bourg-d'Oisans vers le Vieux Chaillol via le col de la Muzelle, Côte-Belle et Valjouffrey est d'emblée particulièrement épuisante ; Elle connaît plusieurs défaillances. La délestant en ces occasions d'une partie de sa charge, je ne vaux guère mieux qu'elle mais fais tout pour le masquer. Du massif du Vieux Chaillol, nous passons au sud du puy de Méollion et suivons la ligne de crête de la pointe de Méollion au sommet Drouvet. Nous traversons ensuite entre 2600 et 2700 mètres d'altitude une vaste pente caillouteuse à flanc de montagne qui se dirige vers le grand lac des Estaris, sur le versant sud du col de Freissinières. Là, en contrebas du roc des Hommes, puis de la pointe et du col des Pisses, aucune trace de sentier n'est même perceptible ; nous marchons sur des pierres plates schisteuses glissantes, d'autres arrondies qui roulent, le dévers est important, seuls quelques rares cairns indiquent la direction, le fond du cirque est trois cents mètres plus bas. En proie au vertige, Elle est terrorisée, se bloque à mi-parcours, le visage hagard. Je lui tends la main pour la convaincre d'avancer avec lenteur et précaution. Enfin en terrain sûr au bord du lac, nous attendrons un long instant pour que, allongée, pâle, les yeux clos, Elle retrouve ses esprits. Alors seulement s'amorce la longue et facile descente par le chemin menant à Prapic. Après une étape dans ce petit village des bords du Drac-Noir, nous suivons cette rivière vers l'amont jusqu'à buter sur le Mourre-Froid dont nous grimpons les plus de 2900 mètres. Hors balisage, nous parcourons la crête en direction du sud et descendons finalement par des pierriers aux cailloux de petite taille et instables vers la commune de Réallon. Je lui ai enseigné la technique qui permet sur un tel terrain, face à la pente, la pointe des chaussures relevée, les fesses et le buste en arrière, de se laisser glisser à vitesse raisonnable avec l'éboulis de pierraille provoqué. Nos amis nous attendent au village pour trois jours de balades dans cette zone sud de l'Oisans. Puis, retour à Paris en train depuis Embrun, que nous sommes décidés à rejoindre à pied. Nous montons avec nos compagnons jusqu'au sommet du mont Guillaume. Là, après un pique-nique partagé, nous nous séparons. Il nous reste 1800 mètres à descendre jusqu'à la gare.

Après avoir emprunté vers l'est l'arête faîtière du mont Guillaume, nous entrons dans une vaste forêt de conifères, un peu au-dessus de 2000 mètres. Un sentier forestier s'y engage vivement en d'interminables lacets. Depuis mon adolescence, je ne sais descendre autrement qu'en courant. Je prends ainsi une importante avance mais m'arrête tous les quarts d'heure pour l'attendre. À la quatrième de mes haltes, Elle tarde à me rejoindre. Dix minutes passent, Elle n'arrive toujours pas. Je décide de remonter un peu à sa rencontre. En pure perte, je commence à m'affoler. Je reviens à l'endroit où je l'ai quittée à la halte précédente, aucune trace d'Elle. Je crie, je m'époumone, seul l'écho me répond, ironique, à ce qu'il me semble. Le sentier n'est pas dangereux mais très incliné, le versant boisé du mont plus encore. A-t-elle trébuché sur une souche, une pierre, glissé sur des aiguilles de pin ? A-t-elle alors dévalé la pente, s'est-elle fracassée contre un arbre en contrebas, gît-elle là quelque part, inanimée ? J'entreprends d'explorer cette possibilité. Me tenant aux troncs, je m'engage dans la forêt au sol abrupt, je cherche, je hèle. Rien, je suis désespéré, en sueur, hagard. Il me faut aller chercher du secours, je reprends ma descente échevelée, sans plus faire de pause. Parvenu à la petite route, je tente de me faire prendre en stop, sans succès : les véhicules sont rares et mon aspect effraie sans doute les rares automobilistes qui descendent vers le lac. Mon visage est creusé par l'angoisse, la sudation y a tracé des rigoles dans la poussière grise du chemin qui s'y est déposée, mes yeux sont ceux d'un homme en transe, écarquillés, exorbités. Il reste de nombreux kilomètres avant d'atteindre Embrun, je cours autant que le souffle qu'il me reste me le permet. Il est au moins 18 heures lorsque je parviens à la gare, d'où je compte aller à la gendarmerie. Souriante, presque pimpante, reposée, Elle est là, assise sur un banc à proximité d'un massif de fleurs. Je m'arrête, sidéré par la joie. J'ai encore la force de me précipiter dans ses bras, je pleure. Je n'ai pas remarqué sur le chemin forestier une bifurcation dont nous avons tous deux pris une branche différente. Elle est arrivée plus bas que moi sur la petite route, a présumé que j'étais devant elle et a tout de suite – privilège féminin – été prise en auto-stop. Elle m'attend depuis plus de deux heures, inquiète, certes, mais peut-être pas tant que cela. Nos routes ont divergé, là, sur les pentes du mont Guillaume. Elles se sépareront bientôt dans la vie, Elle ira son chemin.

Rien n'a été en mesure durant ces années d'instiller le moindre doute dans mon insouciante tranquillité amoureuse, la certitude que toujours nous cheminerions de concert, que nous vieillirions ensemble. Nous avons d'ailleurs fait un serment, après celui du col de la Schlucht. *Chemin faisant*, le livre de Jacques Lacarrière[1], nous a passionnés tous deux. Le poète amoureux de la Grèce et des chemins est revenu en France à la suite du putsch des colonels. Il relate dans cet ouvrage son périple de 1971 depuis Saverne dans le Bas-Rhin jusqu'aux châteaux cathares de l'Aude. Il dit la France rurale qui se défait, le chemin qui ne cesse de mener à autre chose qu'à lui-même, qui devient sa propre justification. Un livre pour nous, un projet aussi. Dès que nous le pourrons, nous mettrons nos pas dans ceux de Jacques Lacarrière et traverserons nous aussi la France en diagonale. Alors l'avenir n'admet en mon esprit aucune incertitude, ma confiance est sans brèche. Parfois, pensais-je, l'orage éclate, puis le retour du soleil est cette apothéose qu'illustre la *Pastorale* de Beethoven. La fatigue est le prix désiré de l'effort commun ; partagée, elle est communion. Ses hésitations sont celles qui précèdent logiquement la décision d'accéder à un niveau plus élevé de la relation. En aucun cas, les changements de l'atmosphère, la tristesse qui émane d'un paysage, les éléments qui se déchaînent, les chemins de terre différents que l'on emprunte n'annoncent autre chose que ce qu'ils sont, ils demeurent extérieurs à nous, couple délicieusement inéluctable. Nul regret, des années après, de cette étrange cécité ; elle participe d'une innocence que la beauté des che-

1. Jacques Lacarrière, *Chemin faisant*, Fayard, 1977.

mins impose. Nulle ombre ne vient altérer les scintillantes images gardées de ces années où, inséparables, nous avons tracé ensemble une belle portion d'un chemin de vie. J'ai continué ensuite le mien, marqué, changé, meurtri mais vivant, disponible à d'autres rencontres, à d'autres émotions, à d'autres joies, à d'autres amours. Il en a été de même pour Elle, je crois.

Sciences en chemin

Mon parcours peut certes s'évoquer à travers les chemins, pavés ou de terre. Il faut cependant les envisager sous un angle métaphorique en ce qui concerne la conduite de mes recherches et mes fonctions académiques qui ont pris une place si importante dans ma vie : elles se sont fort classiquement déroulées à l'université et dans des laboratoires. Pourtant, il n'est sans doute pas indifférent que le chercheur ait été aussi un marcheur. Non seulement parce que seule mon immersion régulière et vagabonde dans la nature m'a donné, je crois, la force de ne pas succomber à l'univers technicisé et bétonné des salles d'expérimentation, de conférence et des hôtels internationaux. Mais également parce que la pensée en ébullition dans mon crâne de chemineau a porté aussi sur des interrogations scientifiques et a accouché de certaines de mes intuitions les plus fécondes, de mes hypothèses les plus originales et lucides, des expériences à mener pour les mettre à l'épreuve et, une fois réalisées, de leur interprétation. Cela vaut aussi pour mes interrogations philosophiques sur, en particulier, les mécanismes de la pudeur en amour, de l'interdit de l'inceste et des ressorts humains du rire[1]. Ce sont là des énigmes classiques, différentes solutions leur ont été proposées, depuis des siècles en ce qui concerne le rire. Mes apports d'idées, mes contributions, me sont venus chemin faisant, parfois juché sur mon cheval ! Membre et souvent président durant trente ans d'instances éthiques nationales et internationales, j'ai instruit en marchant maints des sujets abordés, jeté les bases de nombreux avis à rédiger… Pas après pas se sont en général apaisées les tensions engendrées par mes fonctions de direction, d'un groupe de recherche en 1972 à un laboratoire en 1983, un institut en 2002 et une grande université en 2007. Passer en quelques heures d'un bureau directorial ou de salles de commission à des sentiers empierrés de montagne, du tumulte d'un congrès ou d'un mouvement social au calme d'une soirée autour d'un feu de camp sur la prairie au bord du torrent, m'a donné le ressort pour tenir et agir, chercher et parfois trouver. Cette alternance a pour un temps cessé lorsqu'Elle et moi nous sommes séparés, mais je n'ai cessé de marcher. Président d'université, j'ai chaque fois que possible libéré mon chauffeur de l'obligation de me conduire aux réunions officielles, y compris dans les ministères ou au palais de l'Élysée : le service d'ordre, surpris, voyait se présenter, en costume-cravate mais sac au dos, un président-marcheur qui avait mis à profit le trajet pour peaufiner sa stratégie de discussion. Il n'est pas une réunion à l'étranger,

1. Axel Kahn, *L'Homme, ce roseau pensant… Essai sur les racines de la nature humaine*, *op. cit.*

une conférence, dont je n'aie saisi l'occasion pour prendre au moins une journée buissonnière sur les chemins, du Québec aux Rocheuses, du Nevada au Mexique et à Rio, en tous lieux. Les ayant arpentées inlassablement, dans un mépris affiché des transports en commun et des taxis, je connais les villes des congrés scientifiques de France, d'Europe et du monde presque aussi bien que Paris.

La démarche du randonneur et celle du chercheur partagent sur les plans psychologique et stratégique des aspects communs. Dans les deux cas, un moment crucial est celui de la décision de s'engager, sur des chemins incertains et malaisés ou dans une recherche ardue. Savoir s'arrêter est aussi difficile : le chemineau renâcle à rejoindre le « monde ordinaire », l'expérimentateur ou le théoricien à proposer dans un article une conclusion temporaire à ses travaux. C'est que la frontière souvent s'estompe entre le but poursuivi et la manière dont on le poursuit ; le chemin est aussi pour le marcheur comme pour le scientifique son propre objet. D'ailleurs, les itinéraires du chemineau et ceux du chercheur partagent un autre point commun. Ils sont au départ conçus pour mener quelque part. Cependant, si en cours de route un embranchement semble conduire à un paysage plus séduisant, permettre de répondre à une question plus excitante, alors il faut savoir dévier du trajet initialement prévu. Là sont à faire les plus belles découvertes. Oser s'aventurer hors des sentiers battus, ne pas craindre l'aridité du terrain, le relief escarpé, être audacieux, résistant et tenace, éviter néanmoins l'entêtement sont des conseils qui valent presque en les mêmes termes que l'on s'engage sur les chemins de terre ou sur ceux des sciences. L'image de la ligne de crête s'impose aussi aux uns et aux autres. Lorsque tout se brouille, que l'on peine à identifier la direction correcte et à déceler les chausse-trapes et les périls, alors il convient de prendre de la hauteur et de s'y tenir tant que le paysage ne s'est pas éclairci et qu'on n'en a pas déduit la conduite à tenir. Médiocrité et pusillanimité exposent aux failles, aux crevasses, aux impasses. Enfin, marcheur et chercheur, je témoigne d'avoir éprouvé dans l'une et l'autre des démarches d'intenses satisfactions, d'avoir été amené à me sentir heureux. Accéder à ce point de vue, parvenir à cette découverte a été difficile, éprouvant, parfois angoissant. On y est parvenu, pourtant, et ce que l'on observe maintenant est magnifique, sensationnel, enthousiasmant. La beauté des approches et des résultats, le vertige éprouvé devant les perspectives enivrent. Une clarté nouvelle jaillit, fruit des efforts consentis et du succès remporté ; elle arrache à l'ombre, à l'ignorance ou à l'erreur un pan du savoir. On aimerait danser, on a envie de pleurer, on le fait parfois : c'est tellement beau !

Chemins fraternels

Olivier était de deux ans mon aîné. Lorsque nos parents se sont séparés en 1954, Jean-François, le plus âgé, avait 16 ans. Il a suivi notre père qui veillait de près à ses études. Nous sommes, Olivier et moi, 12 et 10 ans, restés avec notre mère et avons, avec elle, réaménagé notre univers. Ensemble, nous avons créé une royauté, puis une république, adopté leurs Constitutions et fabriqué des machines à voter. Aussi calme et bon élève que j'étais dissipé, il m'a servi de modèle, de mètre étalon pour apprécier mes performances et mes progrès. Nous avons durant l'été partagé la même chambre de la petite maison de la Mzelle, à Saint-Yzans-de-Médoc, eu presque les mêmes activités tout au long des quelque trois mois que duraient à l'époque les « grandes vacances ». Ses confidences de grand frère pubère avant moi m'ont averti de ce qui se préparait, ses premières amours m'ont fait rêver. Lorsque, après la maladie qui l'avait dispersée, la famille a pu se réunir à nouveau, il m'a emmené sur son scooter, d'auberge de jeunesse en auberge de jeunesse, en Bourgogne et en Auvergne. Il s'est marié à moins de 20 ans, sa promise enceinte.

J'ai été très proche du si jeune couple et de mon jeune neveu. Nous n'avons jamais manqué de nous rencontrer aussi souvent que l'autorisaient nos vies personnelles et professionnelles, fêtions toujours ensemble la nouvelle année. Notre lien fraternel était en définitive des plus étroits, je l'aimais, il m'aimait. Cet amour fraternel n'excluait pas à l'occasion qu'une vive rivalité se manifestât. Nous étions physiquement proches, avions embrassé tous deux des carrières de recherche et acquis, dans nos domaines respectifs, une rapide notoriété. Exclusivement scientifique dans son cas et également médiatique dans le mien. Olivier est au fil du temps devenu l'un des plus prestigieux chimistes théoriciens du monde, un leader incontesté du domaine de l'électronique et du magnétisme moléculaires. Il était pour la France, à sa mort en 1999, un espoir réel de Prix Nobel de chimie. Deux marches en sa compagnie sont restées gravées dans ma mémoire.

Partant de La Plagne en vallée de Tarentaise, nous venions Elle et moi de traverser, par le GR 5 et ses variantes (je ne les méprisais pas encore), la Vanoise, la Maurienne et étions remontés depuis Modane vers la vallée de la Clarée, l'une des plus limpides et paisibles régions des Alpes. Après avoir caressé la Grande-Motte, la dent Parrachée, le mont Thabor, être passés par le col de la Vallée-Étroite, nous arrivons à Névache où nous avons donné rendez-vous à Olivier et à son épouse Johanna. Nous sommes convenus, après le col de Granon, de rejoindre tous quatre Briançon. Mon frère, qui pratiquait assidûment la bicyclette, était un marcheur occasionnel.

Nous le laissons descendre avec Johanna par le GR alors que nous empruntons une variante sur la ligne de crête de la Grande Peyrolle. Nous nous retrouvons tous dans la ville et, de là, prenons un taxi pour le Relais des Vaudois à Freissinières. C'est devenu une sorte de havre privilégié que nous rejoignons volontiers été comme hiver depuis qu'Elle et moi l'avons découvert par hasard. C'était au cours de notre deuxième randonnée d'été conjointe. Partis de Grenoble et Chamrousse, nous étions montés vers Belledonne et la station des Sept Laux, avant de suivre en balcon la vallée de l'Eau d'Olle jusqu'au pied de l'Alpe-d'Huez. Nos amis nous avaient rejoints dans la station et nous avions poursuivi avec eux vers l'est par le GR du tour de l'Oisans. Après La Grave, Serre-Chevalier, Puy-Saint-Vincent, nous avions rejoint la haute vallée du Fournel. Comme d'habitude tous deux très en avance sur le reste de la troupe, nous comptions l'attendre dans l'ascension bien balisée du col des Lauzes. En fait, ce fut en pure perte, nos amis avaient par erreur emprunté la variante remontant plein nord vers Puy-Saint-Vincent. Je me rappelle alors une soirée infestée de moustiques près du petit lac des Lauzes presque à sec, sans eau potable. Le lendemain matin, sans demander notre reste et à jeun, nous avions dévalé la pente du GR vers Freissinières et la fameuse auberge, le Relais des Vaudois, où un roboratif petit déjeuner devait nous remettre d'aplomb. Les retrouvailles ne se firent qu'à Saint-Crépin, de l'autre côté de la Durance, où nous avions programmé un déjeuner d'adieu avant que nous ne terminions nous-mêmes notre randonnée par le Queyras et la Font Sancte, puis Guillestre. Nous nous étions depuis pris de passion pour la vallée de Freissinières, l'ancien village vaudois perché de Dormillouse, leurs lacs et leurs sommets. Je tenais à les faire découvrir à mon frère. De fait, le lendemain de notre arrivée, je le guide avec Johanna vers l'un des trois lacs de la haute vallée de Freissinières, le Faravel. Quelle belle journée ce fut ! Le lac repose en majesté au cœur d'un sévère amphithéâtre de falaises schisteuses, il y est amarré par le lien argenté du torrent cascadant qui l'alimente ; sa surface sans rides réfléchit des cieux sans nuages dont elle fonce la teinte ; la pelouse qui l'entoure est parsemée de blocs rocheux plus clairs que les parois de la montagne, l'herbe est piquée de pensées. Un rideau de linaigrettes près du bord évoque un liseré neigeux. Le pique-nique savoureux partagé par les deux couples dans un tel décor ne pouvait qu'engendrer la joie de vivre et d'être ensemble, inciter à des échanges pleins d'amour et d'authenticité.

Nous laissons le lendemain Olivier et Johanna fatigués se promener à leur rythme dans les hameaux disséminés sur l'adret, visiter la grotte des Vaudois, suivre la vallée en altitude par les petits chemins en balcon qui passent dans une belle forêt de mélèzes. Elle et moi filons vers l'ouest, tout au fond de la vallée, vers le haut col de Freissinières à 2782 mètres d'altitude. La distance est très grande, le dénivelé important (pas loin de deux mille mètres car il faut en chemin enjamber plusieurs bosses). Une fois passé le verrou glaciaire sur lequel le village de Dormillouse est édifié, la vallée de la Biaysse puis de

Chichin s'élargit, l'eau s'y écoule de toute part, les cascades vrombissantes et écumantes se succèdent. La trace s'élève sur un petit plateau, redescend, escalade un verrou par une rude pente, serpente dans un nouvel alpage où, autour de la bergerie de Chichin, les brebis paissent. Toutes les fleurs des alpes s'épanouissent, des plus communes aux plus rares. Vers l'ubac, le mauve violet des lys martagons nous plonge dans un troublant ravissement, nous nous embrassons follement. Les lys orangés exaltent leurs teintes éclatantes et conquérantes. La forêt d'ubac s'éclaircit, elle disparaît vers 2200 mètres d'altitude pour ne laisser persister que quelques mélèzes isolés et rabougris qui, plus haut, disparaissent eux aussi. Les marmottes font le guet debout sur des pierres, elles avertissent de notre passage leurs congénères d'un sifflement strident. L'herbe est de plus en plus rase, nous grimpons maintenant par une pente fort raide dans un paysage minéral, neige et glace persistent dans les cuvettes et sur les versants nord. Pourtant, jusqu'au sommet, les fleurettes sont là, accrochées au mince limon qui s'est formé entre les pierres d'une ancienne moraine glacière. Nous n'atteignons le col qu'à la mi-journée et redescendons pour nous restaurer par le versant sud jusqu'au grand lac des Estaris, puis nous nous reposons un peu. Il est plus de 15 heures, jamais nous n'aurons le temps de revenir à l'auberge avant le dîner. Appréciant mal la configuration de la crête, je la convaincs de tenter de prendre un raccourci en passant à droite du col. Funeste initiative, nous nous trouvons devant des à-pics que nous ne saurions désescalader sans corde. Nous revenons au lac, il est 17 heures. Nous n'avons plus qu'une solution, descendre par le chemin vers le village de Prapic et, là, appeler un taxi d'Orcières. Nous tenons à retrouver Olivier et Johanna, pas question en effet de passer la nuit au village pour faire demain le long trajet en sens inverse. Mon plan est excellent dans notre adversité, à un détail près : aller en voiture de Prapic à Freissinières exige de faire tout le tour du massif de l'Oisans, par Gap et Embrun, avant de remonter la vallée de la Durance vers Briançon. Plus de cent kilomètres. Nous arriverons à temps pour manger la soupe avec mon frère et sa femme, au prix du plus onéreux trajet en taxi que j'aie jamais fait.

Le second chemin fraternel ancré dans mon souvenir est le dernier, il a été parcouru deux semaines avant la mort d'Olivier. Je suis à Bordeaux pour donner une conférence et passe avec ma compagne le week-end suivant, celui du 11 novembre 1999, chez Johanna et lui, à Léognan. Mon frère a déménagé son laboratoire dans la capitale aquitaine, il est professeur à l'université Bordeaux I. Il nous emmène sur le bassin d'Arcachon dans le domaine de Certes. Ces anciens marais salants reconvertis en bassins de pisciculture sont réservés aujourd'hui à la conservation du littoral et à la promenade. On marche sur environ treize kilomètres au cœur du Bassin, sur un chemin qui emprunte les levées de terre séparant maints étangs de formes géométriques. La brume légère noie le paysage dans une atmosphère floconneuse propice aux confidences que se font les femmes et les hommes, ils cheminent à quelque distance les uns des autres. Mon frère et moi marchons parfois en silence, attentifs à l'envol d'un héron cendré, d'une aigrette, à la silhouette recueillie et énigmatique de cormorans. Nous croyons reconnaître à son vol coulé un milan noir en retard sur sa migration saharienne, il rase la surface calme de l'eau, semble hésiter, s'arrête en un vol stationnaire presque parfait. Sans doute maintenant décidé, il file soudain comme une flèche et s'estompe dans le brouillard. Lorsqu'il s'engage, le dialogue fraternel est attentif, chaleureux, presque tendre, sans contrainte et sans tabou. Olivier me parle politique, de ses deux garçons, du spin des électrons de ses molécules magnétiques, de sa troisième épouse, de ses élèves, de ses espoirs. Je l'écoute avec attention, il m'apparaît concerné par mes engagements, mes combats, mes peines, mes deux filles et mon fils, mon nouveau couple. Il y avait longtemps que nous n'avions pas eu l'occasion de partager avec un tel abandon nos pensées du moment. C'est fort et bon. Quinze jours plus tard, j'apprendrai au début de la nuit qu'il est mort brutalement dans le petit hôtel proche de la Sorbonne où il avait coutume de descendre. Une crise cardiaque que rien ne laissait présager l'a foudroyé. Il revenait du Japon où il animait une équipe, avait présidé à Paris un jury de thèse et s'apprêtait à aller donner une conférence à Strasbourg avant de rentrer chez lui à Léognan. J'ai eu l'impression qu'il disparaissait lui aussi dans la brume du Bassin, sur les petits chemins du domaine de Certes que nous aurions continué à arpenter sans trêve depuis le 11 novembre. Depuis mon enfance, il était ma référence proche et familière, celle à l'aune de laquelle je me mesurais et m'évaluais moi-même.

Je suis nu, désormais, sans repère vivant. L'empreinte de ceux qu'il a laissés en mon esprit est heureusement profonde, ils sont des bornes du chemin que Jean, notre père, m'a demandé d'emprunter, celui d'une vie raisonnable et humaine.

Chemins montés

Je suis marcheur, et cavalier aussi depuis ma jeunesse. J'avais en Afrique acheté un cheval à un vieux Soudanais qui conduisait un troupeau de bovidés vers le Congo, et l'avais embauché pour s'en occuper. Une équitation joyeuse et quotidienne à cru (je n'avais pas de selle) avait amélioré mon assiette et augmenté mon assurance. Elle avait partagé ma passion et nous avions fondé tous deux un club hippique dans une propriété de cinquante hectares dont un héritage lui avait permis de faire l'acquisition, aux Moutiers-en-Retz. J'avais pour ma part acheté ou loué les chevaux et les poneys – une vingtaine d'équidés – ainsi que tout le matériel agricole, d'écurie et hippique nécessaire. J'avais aussi supervisé l'aménagement d'une superbe carrière d'obstacles et d'un rond d'enseignement. Cependant, tout cela a bien entendu cessé lorsque nos chemins ont divergé. Je n'ai alors gardé que deux juments, Cathy et Dame, demi-sœurs nées en 1990 et 1991, pour mon usage personnel, et les ai installées à Mussy. La maladie de Lyme contractée par Cathy m'a incité à faire venir du pays de Retz une troisième jument née en 1995 et alors âgée de 3 ans,

Hélène. Elle mène maintenant, à 23 ans, une retraite paisible, bénéficiant de ma part d'une affection nourrie des épreuves communes endurées. Elle le mérite bien. Jusqu'à ce que mes juments n'atteignent à tour de rôle la limite d'âge (je les mets à la retraite lorsqu'elles ont 20 ans), je leur consacre toutes les matinées de mes séjours à Mussy, de 8 heures à 13 heures. Du stakhanovisme équestre. Je pratique toutes les disciplines mais ai un faible pour les promenades en extérieur dans la grande forêt de la région. Avec les collines et les vallées, la faible densité de population, c'est un endroit idéal pour ce type d'équitation. Je monte Hélène, ce jour-là, nous faisons avec un groupe de cavaliers amis une grande promenade toute la journée, une cinquantaine de kilomètres au total. Nous allons par les bois au lac de Marcenay où nous pique-niquons, sans avoir négligé bien entendu la pitance de nos montures. Je désire ensuite montrer à mes amis les fouilles gallo-romaines de Vertillum, à Vertault, de l'autre côté de la rivière Laignes, en Côte-d'Or. J'ai repéré sur la carte un ensemble de deux ponts qui permettent, près du village de Villedieu, de traverser la Laignes, de part et d'autre d'une petite île sur laquelle se dresse une ferme. Je m'engage le premier et parviens à l'îlot, le second pont est en face de moi, sa surface couverte de boue et de poussière déposées par les engins agricoles qui l'empruntent. Sans aucune méfiance, je m'y engage, elle hésite, j'insiste. Je suis presque sur l'autre rive lorsque Hélène se dérobe sous moi, je suis debout, jambes écartées, le ventre de la jument repose sur ce que j'ai pris pour un pont authentique. Ce n'en est pas un, en réalité. Trois rails ont été jetés d'une rive à l'autre au-dessus de la rivière, des plaques métalliques non scellées disposées à travers. C'est bien suffisant pour un tracteur, pas pour un cheval.

Des plaques ont glissé sous les pas d'Hélène, ses deux jambes postérieures et son antérieur gauche se sont engagés entre elles. Dans un réflexe, l'animal a désespérément lancé son antérieur droit, dont le sabot est posé sur la rive. Ma monture prise au piège se débat d'abord furieusement, elle se déchire sur les pièces métalliques, les chairs s'ouvrent, elle saigne abondamment. Ses yeux sont affolés, sa tête oscille d'un côté à l'autre. Elle pèse plus de cinq cents kilos, il n'y a rien à faire, je vais assister à sa mise en pièces. Je m'accroupis à côté d'elle, pose sa tête sur mes cuisses, la caresse, lui parle, tente de la rassurer. Elle se calme un peu, se laisse aller, comme souvent les animaux qui se sentent pris de manière inéluctable et, fatalistes, attendent la mort. Je sanglote. Le lien affectif entre les humains et les bêtes peut être puissant. Celui qui m'unit à mes chevaux, à Hélène surtout, est étrange. Il est fait de l'émotion ressentie à sa beauté, celle de son port et de ses allures. De la connivence qui se noue entre un cavalier et sa monture attentive à répondre aux plus imperceptibles de ses sollicitations. Des joies ineffables d'apparence partagées ressenties au grand galop dans les chaumes après la moisson, dans des gerbes d'eau au milieu de la rivière. La tension perceptible chez les deux partenaires à l'approche de l'obstacle, la pulsion de l'envol, le bref moment de grâce du plané, le soulagement de la réception réussie sans avoir touché une barre, consolident le lien. Les chevaux ne sont pas, comme les chiens, des animaux dont l'attachement débordant est démonstratif, ils sont d'une réserve qui donne tout leur prix à leurs marques d'affection : lorsque, yeux mi-clos, Hélène pose sa tête sur mon épaule, la poussant contre la mienne ; lorsqu'elle me tend son nez et sa bouche pour que j'y dépose un baiser, qu'elle y répond par des frémissements de la peau douce de ses nasaux et que ses vibrisses me caressent, je ressens un émoi presque sensuel. Cette jument qui m'a donné depuis des années tant de plaisir, j'en suis responsable. Elle souffre, elle va mourir, parce que, fidèle, elle m'a obéi, sans doute contre son gré, pour s'engager sur cette passerelle funeste. Je suis désespéré, ma culpabilité immense. Il n'existe pas seulement des dieux pour les amours sylvestres, pour les cavaliers imprudents et les juments gentilles aussi. Une cavalière voyant le désastre a piqué des deux, elle est allée chercher de l'aide et en a trouvé. Le fermier n'était pas loin, il arrive. Il possède une tractopelle garée sur l'îlot, avec une sangle rangée parmi les accessoires. L'engin s'avance sur la passerelle, la sangle est passée sous le ventre d'Hélène et accrochée aux montants de la pelle. La traction débute, l'animal sanguinolent monte lentement, inerte, comme une poupée de chiffon. Le véhicule recule, la jument est au-dessus de la terre ferme, on va la reposer. Moment de vérité : si, comme cela est probable, elle a un os cassé, des tendons sectionnés, elle ne tiendra pas d'aplomb sur ses quatre pieds ; mon cœur bat la chamade. Elle tient, elle fait un petit pas. Miraculeux ! Un van la rapatriera à l'écurie où un vétérinaire averti l'attend déjà. Il fera plus de cent points de suture, tous lâcheront. Les plaies béantes mettront six mois à cicatriser. Chaque jour, Hélène au pré viendra d'elle-même pour recevoir ses soins. Ce n'est pas là un épisode mineur de mes cheminements, l'essentiel y est présent : l'attachement, la responsabilité, le désespoir, le soulagement, l'émotion, le compagnonnage. Que serais-je sans Elle ? Sans Hélène aussi.

Ultime chemin maternel

Il fait humide et froid, en ce début de novembre 2004. Ma mère Camille, « Millette » pour tout le monde, a choisi de vivre depuis 1997 dans la maison de retraite de Mussy-sur-Seine. C'est dans cette petite cité qu'elle a connu les seuls moments heureux d'une jeunesse difficile[1], là où elle aspire à terminer ses jours. Cette fin de vie lui semble presque miraculeuse comparée à ce qu'elle a vécu enfant et jeune fille avec sa propre mère. Elle me l'a dit sans ambages il y a peu : « Mes enfants, grâce à vous, ma vieillesse est tellement plus belle que ma jeunesse ! » J'en ai été bouleversé, éperdu de joie. Mes frères aussi, à qui j'ai rapporté ces propos. Maman a maintenant 90 ans, elle faiblit, maigrit. « Tu sais, Axel, m'a-t-elle déclaré il y a deux semaines, je suis comme une vieille lampe à huile, je sens que, cette fois, la mèche s'éteint. J'espère seulement qu'elle ne mesure pas deux mètres ! » Je suis pour ma part enrhumé, un peu fiévreux, je tousse. Je suis resté loin d'elle dans la chambre de la maison de retraite qu'elle

1. Axel Kahn, *Jean, un homme hors du temps*, *op. cit.*

occupe, à l'autre bout du bourg. « Il ne faudrait pas que je te refile ma crève ! » lui ai-je expliqué. Nous sommes dimanche soir, ma compagne et moi rentrons à Paris dans la nuit. Je bricole sur le terrain que je possède en bord de Seine, fends du bois, répare les clôtures des prés où je mets mes juments en été. Le ciel est bas, la luminosité décline, un léger brouillard collant diminue encore la visibilité. Je suis intrigué par une silhouette minuscule et courbée qui se dessine dans la brume, sur la petite route menant au terrain, marchant lentement, à très petits pas. Je la reconnais, c'est maman. Elle est folle de sortir par un temps pareil, pensé-je, je m'inquiète et vais à sa rencontre. Elle a enfilé son vieux manteau gris sur un gros pull-over et une jupe de laine qui lui arrive aux chevilles, son cou et le bas de son visage sont protégés par une longue écharpe. Elle a en main un petit sac plastique. Avant que j'aie pu lui faire des reproches, elle m'explique, d'une voix faible : « Tu es malade, mon chéri ! J'ai trouvé des médicaments pour toi dans mes affaires, je te les apporte. » Elle est épuisée, je sais moi aussi que sa vie se termine. Pourtant, sans même se poser la question, elle a parcouru presque un kilomètre en cette sombre et rude soirée de novembre pour soigner son garçon. Ce chemin-là s'imposait à elle, nécessaire, inconditionnel, évident. Parce que, à 20 ou à 90 ans, c'est le chemin d'une mère. Chemin ultime, la mèche s'éteindra de façon définitive moins de trois mois après.

Homme du Sancy, Jacques Lacarrière, me voici. Mais plus tard

Début juillet 2011, je me promène à Mussy, je suis seul. Marcher, je n'ai jamais cessé. En revanche, mes randonnées pluriannuelles de plusieurs jours, sac au dos, se sont interrompues à Vicdessos, dans l'Ariège, après la rencontre de l'ours. Ma nouvelle compagne aime la marche, nous apprécions de nous promener tous deux dans la forêt. Cependant, je ne peux imaginer alors continuer comme si Elle ne s'était pas éloignée, ne changeant rien sinon de partenaire. De plus, mes fonctions officielles et professionnelles sont devenues écrasantes. Je préside maintes instances, dirige un institut de recherche de sept cents personnes, puis l'université Paris-Descartes, l'une des plus grosses du pays, en des temps d'intenses et brûlantes réformes. Peut-être aurais-je dû en toute éventualité ranger mon matériel de camping. Cependant, tout cela est maintenant terminé. Comme mes juments à 20 ans mais un peu plus tard qu'elles, je vais atteindre la limite d'âge. Mes fonctions à l'université s'arrêtent en décembre, j'ai pris la décision de ne pas me présenter pour un nouveau mandat que je n'aurais de toute façon pas eu la possibilité de mener à son terme. La question trotte de ce fait dans ma tête : mais que vais-je faire après ? Aucune des occupations habituelles d'un ancien chercheur président d'université ne m'attire. Elles sont trop attendues, convenues, une fois encore je ne choisirais ainsi pas ma vie. L'injonction de l'homme des crêtes du Sancy m'apparaît impérative en cette belle journée d'été, je suis déterminé à la suivre. Quoi de mieux que de réaliser le projet initialement évoqué avec Elle, traverser la France en diagonale sur les pas de Jacques Lacarrière, mais seul. Je me sens désormais capable de l'assumer. La décision est prise, j'en informe ma compagne puis mes enfants. Je me mettrai en route le 8 mai 2012. Non, en fait, car en novembre, le téléphone sonne dans le somptueux bureau présidentiel de ce qui fut l'Académie royale de chirurgie des rois Louis XV et Louis XVI, rue de l'École-de-Médecine, près du carrefour de l'Odéon. C'est Bertrand Delanoë, le maire de Paris, un ami. Il me propose d'être le candidat de la gauche socialiste contre le Premier ministre, François Fillon, dans la deuxième circonscription de Paris. « Vous comprenez, Axel, il faut lui opposer une pointure. On a pensé à vous. » Une bien belle circonscription, sans aucun doute, avec la tour Eiffel, l'École militaire, le palais Bourbon et le Sénat, l'hôtel Matignon et la plupart des ministères, la Sorbonne. Belle mais remaniée il y a peu par le Premier ministre et, depuis, imprenable par la gauche, une précaution afin qu'il puisse s'y présenter sans risque. Je comprends vite que c'est pourquoi aucune pointure socialiste ne veut se lancer. Axel, pense Bertrand, ne devrait quant à lui pas craindre un échec assuré. En effet, après un premier refus, l'aventure me séduit, je suis joueur. Affronter, même sans espoir de succès, dans un tel endroit un Premier ministre sortant, ça, je ne l'ai jamais fait et n'aurai pas l'occasion de le refaire. J'annonce au maire que je suis son homme. Ma traversée du pays attendra bien un an, j'arpenterai en attendant, inlassablement et toujours à pied, le territoire entre la tour Eiffel et le Jardin des Plantes, la Seine et les limites des 15e, 14e et 13e arrondissements.

Chemin électoral

Je parcours à pied durant toute la campagne, de février à juin, plus de mille kilomètres dans les rues de la circonscription. Un excellent entraînement pour ma future traversée pédestre du pays à laquelle je n'ai nullement renoncé. Les rencontres, les épisodes émouvants ou cocasses abondent[1], je désire les évoquer à travers le récit recomposé d'une journée typique. Rendez-vous samedi, à 9 h 30 à l'angle des avenues de Breteuil et de Saxe, dans le très chic 7e arrondissement, de toute éternité très à droite. Des militants sont là, d'autres et ma colistière Marine nous rejoindront rue Cler, centre du quartier commerçant de l'arrondissement. Tous ont revêtu un tee-shirt rouge pivoine « Axel Kahn 2012 ». Le marché de Saxe est l'un des plus huppés, il est fréquenté par des électeurs des 7e et 15e arrondissements, si bien que s'y côtoient un grand nombre d'équipes de militants des deux circonscriptions. Philippe Goujon, tête de file de droite dans le 15e, arrive avec Mme de Clermont-Tonnerre, son adjointe à la mairie et sa suppléante.

1. Axel Kahn, *Un chercheur en campagne*, Stock, 2012.

Je la connais, sa prestigieuse famille possédait des fiefs dans l'Yonne, proches de ma maison auboise. Nous nous saluons civilement, ma tête s'incline vers la main qui s'élève, mes lèvres restent à la distance réglementaire pour un baisemain respectueux. On peut distribuer des documents ornés d'un poing à la rose et savoir vivre, que diantre ! En revanche, une dame très comme il faut qui tracte pour Philippe Goujon grommelle en voyant la petite troupe socialiste colorée : « Ah, avant, on était au moins tranquilles dans nos quartiers, on ne voyait pas ça (il s'agit de nous !) nous envahir. » Au marché de Saxe, la gauche reste pour l'immense majorité des électeurs un monde étrange et hostile. Dire que nos tracts ne connaissent pas un succès fou est un euphémisme. L'indifférence, parfois la franche hostilité, dominent, rompues par les effusions des rares électeurs de gauche esbaudis et ravis de nous trouver là. Direction maintenant l'École militaire, un coup d'œil aux cavaliers en reprise dans la carrière, nous sommes en dix minutes rue Cler, la principale rue commerçante du quartier, où notre troupe se renforce d'une bonne dizaine de nouveaux venus de tous les âges, depuis de très jeunes gens jusqu'à des retraités, hommes et femmes d'un certain âge. Halte chez Isabelle qui tient un café rue du Champ-de-Mars et dont la sympathie nous est acquise, visite à Marie-Anne, commerçante influente et personnalité incontournable de ce quartier, et à Antoine, son époux. Son établissement était le fournisseur attitré de l'Élysée du temps de François Mitterrand, elle continue de fournir Bertrand Delanoë et la mairie de Paris. Nous restons une demi-heure rue Cler, où nous avons monté un mini-stand surmonté d'une banderole, à distribuer nos appels à voter pour moi et à répondre aux questions. Une sonorisation mobile me permet de haranguer les passants. L'accueil est poli, dans l'ensemble sympathique quoique plusieurs habitants me conseillent de retourner plutôt à la génétique et à l'éthique où ils m'apprécient bien plus qu'en candidat du PS. Un couple refuse nos papiers, offusqué : « Mais, vous n'y pensez pas, vous êtes dans un quartier de riches, ici ! » Un autre : « Vous savez, dans le 7e, vous n'allez pas avoir beaucoup de succès ! » D'assez nombreux médecins affables viennent me saluer. Je ne me fais aucune illusion, ils voteront pour François Fillon, mon adversaire. Une dame âgée s'approche : « Ne savez-vous pas que le seul chemin à suivre est celui de Dieu ? » Une militante UMP, membre de la municipalité et avec laquelle, à force de se retrouver tractant côte à côte, j'ai fini par développer une relation cordiale, m'attire dans un coin pour m'expliquer sa vision de l'évidente continuité historique entre les rois de France et Nicolas Sarkozy, hélas abattu par une sorte de révolution mauvaise. Elle semble désarçonnée par l'affirmation de ma préférence républicaine. Comme avenue de Saxe, nos partisans nous témoignent en revanche une bienveillance chaleureuse en proportion inverse de leur nombre. On me propose de venir me reposer, me rafraîchir, me doucher, prendre une collation. Ce n'est pas le moment, il faut poursuivre. Les tracts sont rangés dans les sacs, le stand plié, la sono remise dans son étui et nous nous dirigeons vers l'église Saint-Pierredu-Gros-Caillou toute proche, où j'ai suivi le catéchisme et reçu tous les sacrements des enfants jusqu'à la communion solennelle. Le curé auprès duquel j'ai sollicité un rendez-vous m'assure, en me quittant, qu'il priera pour le succès de mon entreprise. Ça ne peut pas faire de mal, je suis gonflé à bloc. C'est ensuite la rue Saint-Dominique, l'esplanade des Invalides et Saint-François-Xavier où s'est déroulé mon premier mariage. C'est que je suis un peu, quoi qu'en pensent les électeurs, un enfant du quartier.

Nous sommes maintenant une bonne quinzaine qu'il est difficile d'ignorer dans nos accoutrements. Quelques tracts en chemin, des saluts envoyés et rendus, des ébauches de dialogue, nous voilà rue de Babylone en direction des magasins du Bon Marché. Longeant une suite ininterrompue de bâtiments qui abritent des congrégations religieuses, nous ne sommes guère freinés dans notre progression. Il en eût été de même si nous étions passés par la rue de Varenne devant l'hôtel Matignon et le ministère de l'Agriculture, rue de Grenelle devant le ministère de l'Éducation nationale, rue Saint-Dominique devant l'église Sainte-Clotilde et le ministère de la Défense. Pratiquement pas âme qui vive sur les trottoirs, sauf notre troupe joyeuse. À Sèvres-Babylone, le marché bio du boulevard Raspail ne se tenant que le dimanche, nous nous engageons dans la rue du Bac où règne une certaine animation autour de boutiques chics. Nous débouchons boulevard Saint-Germain à l'est de l'Assemblée nationale et de la rue de Solférino. Les passants sont rares jusqu'à la frontière du 6e, un peu avant

Saint-Germain-des-Prés. Nous en aurions rencontré en plus grand nombre si nous nous étions dirigés vers la Seine par le Carré des Antiquaires, jusqu'au quai Voltaire et retour par la rue des Saints-Pères, mais des amateurs d'art du monde entier plutôt que des électeurs de la circonscription. J'aimerais flâner un instant du côté de l'hôtel de la Monnaie et, surtout, de l'Institut de France. La bibliothèque Mazarine avec sa coupole est selon moi l'un des plus beaux bâtiments de la capitale, et par conséquent du monde. Pas le temps, cependant, nous avons rendez-vous avec d'autres militants du 6e arrondissement à l'angle des rues de Seine et de Buci, l'un des rares quartiers commerçants du coin. Touristes et habitants s'y pressent, à faire leurs courses ou à siroter des apéritifs aux terrasses. Tractage, prise de parole, saluts aux commerçants, l'accueil est excellent. Une fort belle jeune femme tient à être photographiée avec moi ; elle me regarde intensément de ses yeux clairs : « Je vous trouve très beau. » Je suis ragaillardi pour la journée. Vite, un tour rapide dans le marché couvert Saint-Germain, de l'autre côté du boulevard, j'y ai fait mes courses pendant toute la durée de ma présidence de l'université Paris-Descartes. Les commerçants sont des amis, ils sont heureux de notre visite. Il est maintenant 13 heures passées, il faut reconstituer notre force de travail militante par une solide collation. Elle sera prise en un lieu de grand passage, à l'extérieur du marché, je ferai face aux passants pour me montrer et répondre aux saluts. Notre nombre n'a pas changé mais les militants du 7e ont presque tous été remplacés par ceux des 6^e^

et 5e arrondissements, qui nous rejoignent à mesure que nous progressons. C'est que notre après-midi est consacré au Quartier latin. Des membres du Mouvement des jeunes socialistes nous rejoignent avec des sodas, quelques confiseries et des ballons gonflables. C'est là une tactique destinée à garantir le succès des meetings de rue, les stand-up, en lesquels je me suis spécialisé : j'ai du bagout ! Si les enfants sont attirés, les mamans, parfois les papas, seront bien obligés de nous entendre !

Après avoir dépassé mon ancienne université, Paris-Descartes, nous nous dirigeons vers l'angle de la rue Soufflot et de la rue Gay-Lussac, en face des jardins du Luxembourg, le Sénat en contrebas. Le lieu a toujours été propice aux meetings de rue, cela est moins vrai aujourd'hui car les touristes dominent. Nous replions bagage, descendons le long de la Sorbonne et rejoignons la place Maubert, où persistent encore les installations du marché du matin. Après quelques mots au micro, un dialogue ébauché, nous recommençons sur la place Monge, où se prépare le marché du dimanche. Je monte sur le parapet de la bouche de métro et me lance. Sans grand succès, le lieu est encore désert, seuls quelques chiens et chats déambulent, indifférents. Dépités, nous remballons le matériel et tentons notre chance au carrefour Censier, bien plus passant. Là, ça marche : une bonne cinquantaine de personnes s'assemble, un vrai débat s'engage. En passant, nous avons fait un détour par les arènes de Lutèce où, le samedi après-midi, des habitants du quartier s'affrontent à la pétanque ou surveillent les jeux des enfants ; nous distribuons des tracts aux adultes. Au-delà de Censier, nous bifurquons vers le nord, le quartier de la place de l'Émir-Abdelkader, des rues Poliveau et Buffon. C'est un endroit plus populaire, avec des logements sociaux et une vie assez animée de village dans la ville. Nous installons nos rafraîchissements et gâteaux, nous gonflons les ballons près de la Grande Mosquée en face du Jardin des Plantes, d'où sortent des familles. À nouveau je harangue les passants, engage la conversation, l'opération est un succès. Une jeune femme s'approche, elle demande le micro, dans lequel elle proclame d'une voix forte et exaltée que le Christ m'accompagne et qu'il désire mon succès. Elle donne rendez-vous à ceux qui le désirent afin de prier ensemble pour mon triomphe au sein de sa communauté évangélique. Du 7e au 5e, me voilà décidément sanctifié. Dois-je conditionner le retour de la foi à ma victoire ? Mon agnosticisme ne craint rien !

La soirée tombe, nous plions bagage, faisons un crochet place Jussieu, face à la prestigieuse université Pierre-et-Marie-Curie. C'est sur ces entrefaites que nous croisons François Fillon, accompagné du maire de l'arrondissement et de son épouse, Jean et Xavière Tiberi. Salut républicain, chacun poursuit son chemin. Xavière, cependant, nous court après, je la vois avec perplexité s'avancer. Elle a un conseil médical à me demander, je le lui donne civilement. Nous nous dirigeons ensuite vers le bas de la rue Mouffetard, en face de l'église Saint-Médard où, le lendemain matin, une association de quartier m'invitera à danser avec ses membres au son de l'accordéon. C'est là que travaille aussi Orféo, un fameux traiteur membre de mon comité de soutien et chez qui nous nous retrouvons chaque fois que possible pour un déjeuner gourmand. Depuis le début de l'après-midi, l'ambiance dans le 5e est remarquable. Nous ne pouvons parcourir cent mètres sans qu'un passant m'arrête, qu'un commerçant sorte me saluer, parfois m'offre un verre, un café, une poignée de cerises. En remontant la rue Mouffetard vers la place de la Contrescarpe, l'accueil devient émouvant, c'est tous les dix mètres que quelqu'un vient me parler, on me hèle des fenêtres. La tonalité générale est : « Monsieur Kahn (ou professeur), on compte sur vous, on peut gagner, n'est-ce pas ? » Beaucoup viennent m'annoncer qu'ils mobilisent autour d'eux, qu'ils ont fait revenir des parents de congés pour qu'ils puissent participer au scrutin, ils s'informent des procédures pour voter par procuration. Après un ultime stand-up perché sur une corbeille du square de la Contrescarpe, nous nous dirigeons par la rue Descartes vers la place du Panthéon ; une dame traverse la rue en ma direction : « Merci ! C'est la première fois que je peux voter en parfaite adéquation, et pour l'homme, et pour mes idées ! » Pourtant, plusieurs électeurs sont réalistes, ils savent qu'avec le nouveau découpage mes chances d'emporter le mandat de député sont des plus minces, ils me demandent des raisons de nature à les mobiliser néanmoins. Cet état d'esprit deviendra général entre les deux tours.

Il est maintenant 20 heures, nous avons dépassé la sublime église Saint-Étienne-du-Mont, en face du lycée Henri-IV. Outre ma colistière et mon directeur de campagne, jeunes tous deux, une femme d'un certain âge et en excès pondéral me suit depuis l'avenue de Breteuil. Cette femme de la bourgeoisie du 7e n'est pas une militante habituelle, simplement une citoyenne de gauche. Ma candidature l'a intéressée, elle s'est engagée depuis le début dans ma campagne. Nous avons bien parcouru quinze à vingt kilomètres, elle est épuisée. Lorsque devant le Panthéon, entre la mairie du 5e et le siège commun des universités Paris I et II, nous nous séparons, elle se tourne vers moi, un peu haletante, les yeux brillants dans un visage las : « Merci, Axel, merci, je viens de passer l'une des plus belles journées de ma vie. »

Chemins croisés nécessaires

Comme prévu, je n'ai pas été élu député en 2012. J'ai mis François Fillon en ballottage, l'ai devancé de dix points dans le Quartier latin. Il m'a cependant écrasé de cinquante points dans le 7e arrondissement, je puis repasser aux choses sérieuses : prendre la route sur les chemins de France, mettre enfin seul à exécution cet ancien projet caressé d'abord à deux. Là réside la motivation réelle des deux longues marches de 2012 et 2013 en diagonale à travers la France, dans mes soixante-neuvième et soixante-dixième années. Dégagé de mes charges professionnelles, et la plaisante aventure politique achevée, j'en reviens à mes fondamentaux : je ne suis jamais aussi heureux qu'en marchant. Je m'étais promis de prendre la route le 8 mai 2012, ce sera le 8 mai 2013. Mon trajet s'impose d'emblée à moi puisque Jacques Lacarrière est mon modèle : du nord-est au sud-ouest, mais plus ample que le sien. Le poète de l'été grec est allé de Saverne, dans le nord de l'Alsace, jusqu'aux châteaux cathares de l'Aude. Ce sera, dans mon cas, pour débuter, de Givet la bien nommée à la pointe des Ardennes sur la Meuse et à la frontière belge, jusqu'à la frontière espagnole des Pyrénées puis Saint-Jean-de-Luz. Dès les élections passées, tout autre objectif que celui de mon départ prochain s'efface, l'avenir s'y résume. Je suis même incapable d'imaginer un « après la marche », refuse tout engagement au-delà du 8 mai, comme si désormais mon existence tout entière devait se concentrer dans les trois mois allant de cette date à août, période à laquelle je ne vois rien succéder. Avant même la fin de mon premier parcours, l'angoisse de la suite et la quasi-extase dans laquelle me plonge l'expérience qui s'achève me font décider et annoncer que, le 8 mai 2014, je partirai de la pointe du Raz, en Bretagne, pour rejoindre Menton, selon un itinéraire perpendiculaire au premier. Je me prépare fébrilement de juin 2012, au lendemain de l'élection législative, jusqu'à mon départ à vivre cette aventure, sur le plan psychologique aussi bien que physique. La solitude de mon entreprise lui conférera un caractère pour moi nouveau, je suis impatient d'en connaître l'influence. Je décide de profiter des centaines d'heures de marche solitaire – un millier au total sur mes deux diagonales – pour faire le point de la réflexion suscitée il y a quarante-trois ans par l'injonction paternelle : « Sois raisonnable et humain ! » Je lui ai déjà consacré l'essentiel de mes livres, elle a inspiré beaucoup de mes engagements, en particulier éthiques. Il est temps pour moi d'en tirer des conclusions. Mon professeur de père m'a en quelque sorte donné en 1970 un devoir à rédiger : élucider ce que recouvre le concept d'humanité partagée, comprendre comment on y accède, ce qui la menace et la place qu'y joue la raison. Je dois me préparer en 2013 à rédiger ma copie définitive et la lui remettre, la marche m'y aidera. Ma frénésie de réaliser enfin mon projet m'amène à masquer une fracture sans déplacement du poignet gauche survenue le 6 mai à la suite d'une collision avec un cycliste. Je partirai deux jours après, sans bandage ni plâtre et sans prévenir personne, prétendant souffrir seulement d'une entorse ; j'ai en réalité un mal de chien. Une fois en chemin, je ressens de telles émotions, suis submergé de tant de vagues de bonheur, fais de si intéressantes observations qu'en rendre d'abord compte en détail m'apparaît une nécessité[1],[2]. Comme je me l'étais promis, j'ai aussi pu finaliser mon interprétation de l'injonction paternelle, indiquer les conditions nécessaires pour devenir raisonnable et humain, identifier les entraves et les menaces à surmonter, préciser les conditions selon moi favorables. Le livre *Être humain, pleinement*[3], publié en 2016, est de la sorte lui aussi le fruit de mes deux traversées pédestres du pays. Des fruits, il y en a bien d'autres, j'en ai rempli mon sac, je les déguste chaque fois que la tristesse me menace, que décline mon appétit de m'engager avec entrain sur le bref chemin qu'il me reste à parcourir. Alors, je fouille dans la réserve de souvenirs, d'images, d'impressions et de sensations accumulés, cela suffit à me

1. Axel Kahn, *Pensées en chemin : ma France des Ardennes au Pays basque*, *op. cit.*

2. Axel Kahn, *Entre deux mers : voyage au bout de soi*, *op. cit.*

3. Axel Kahn, *Être humain, pleinement*, *op. cit.*

rendre la joie ressentie alors, à me permettre une fois de plus de m'éprouver heureux.

J'ai décrit en détail dans mes ouvrages chacune des cent quarante-quatre étapes de marche effective de mes périples de 2013 et 2014 (soixante-douze chaque fois). Quatre ans plus tard, ma mémoire est intacte, mais le travail de l'esprit me la présente sous une forme recomposée faite de flashs d'émotions et de blocs d'analyses. Entre autres se pose la question du rapport au corps. Fort entraîné, je n'étais pourtant plus très jeune lorsque je me suis mis en marche depuis Givet. L'ardente passion à réaliser ce que j'avais décidé me semblait cependant la garantie de savoir surmonter d'éventuelles défaillances physiques. Le refus indigné de me laisser bloquer par une sotte fracture du poignet en fut une première illustration, le défi fut relevé. Le cal osseux se forma lentement, mes os étaient consolidés au bout d'un bon mois de marche. Sinon, cette première partie de mon voyage ne me posa aucun problème majeur. Elle emprunte pour l'essentiel des chemins de pèlerinage balisés suivis par des GR qui ne comportent aucune difficulté autre que la longueur des étapes et la fatigue engendrée. Des pèlerins volontaires mais pas toujours sportifs se dirigent par milliers chaque année vers Saint-Jacques-de-Compostelle. Une erreur dans le choix de chaussures de rechange et les ampoules qui s'ensuivirent furent la seule situation où je dus mobiliser mon énergie mentale pour avancer, elle resta sinon pleinement disponible pour observer, étudier, décrire, m'enthousiasmer ou me désoler de l'état du pays que je traversais.

Ce fut bien différent l'année suivante, de la pointe du Raz à Menton. Là, muni d'un appareil GPS, j'ai pu décompter exactement le chemin parcouru et monté (et par conséquent descendu). Un peu plus de 2 000 kilomètres avec un dénivelé cumulé de plus de 43 000 mètres. La distance de la première traversée a dû être du même ordre, mais le trajet était beaucoup moins escarpé. Or, dès mon départ de la pointe bretonne, mes genoux manifestent leur lassitude d'avoir été toute ma vie si sollicités, leur protestation ne cesse pas, parfois bruyante. Elle rend chaque descente pénible et perturbe souvent mon sommeil. De plus, rien sur ce trajet de comparable aux bons chemins jacquaires de l'année précédente. En montagne, à la place, je marche sur des sentes incertaines envahies par le maquis et de pentes fortes, dévale des pierriers instables. C'était là notre ordinaire, à Elle et moi, sur les « hautes routes » où je l'entraînais vingt à vingt-cinq ans auparavant. Mais cette fois c'est avec des décennies de plus. Chemin faisant, dans des chutes successives, je me luxe l'épaule droite, romps du même côté des tendons de la coiffe des muscles rotateurs, râpe les jambes et les genoux. Enfiler mon sac le matin est un supplice renouvelé lorsque, à la halte, je dois le mettre à terre. Chaque pas, surtout en descente, est sensible, voire douloureux, j'ai même de la difficulté à me servir de mon bâton de marche de la main droite. Il me faut plusieurs fois, dans les Alpes du Sud, emprunter des cheminées rocheuses d'ascension en principe aisée. Pas dans mon état, cependant. À plusieurs reprises, je me trouve suffisamment amoindri pour que se pose la question de mon abandon. Je continue, malgré tout, pour deux raisons. J'ai déjà évoqué la première : cette double traversée cruciforme du pays est un choix mûrement réfléchi, elle correspond à un projet ancien dont la perspective m'a depuis longtemps mobilisé et enthousiasmé, il est nécessaire que je l'entreprenne. Or Jean, mon père, m'avait supposé capable de faire durement les choses nécessaires. Pas question que je le déçoive. Il me faut aller au bout de moi-même, j'y vais. La seconde raison a trait au bonheur.

Chemins de bonheur

J'ai il y a longtemps défini le bonheur comme une adéquation entre des aspirations et le ressenti d'un vécu. On aspire tous à aimer et à être aimé[1]. Lorsque cela arrive, on est heureux. Cette définition possède une valeur générale. Je puis témoigner du bonheur immense du chercheur lorsqu'il a enfin fait la découverte à laquelle il espérait si ardemment aboutir. L'artiste ébloui lui-même par l'œuvre qu'il a réalisée selon ses rêves est heureux. Depuis mon enfance, j'attends de la marche une sensation de bien-être propice à la pensée et aux perceptions multiples génératrices d'émotions agréables. Jamais je n'ai été déçu, marcher me rend heureux. Chacun le comprend lorsqu'il imagine un cheminement léger par un temps clair et doux en remontant une vallée au fond de laquelle coule une rivière sinueuse. Qui ne se réjouirait du chant de l'eau, des frênes et des saules pleureurs sur les rives, des prairies fleuries où paissent des vaches impassibles à la robe claire,

1. Axel Kahn, *L'Homme, ce roseau pensant… Essai sur les racines de la nature humaine*, *op. cit.*

du concert des mésanges rythmé par des « coucous » lointains et par les salves frénétiques – tac-tac-tac-tac – des coups de bec des piverts ? Et des genêts d'or à la senteur poivrée qui dévalent la pente vers le torrent ? Tout cela s'éprouve, bien entendu, mais pas toujours. Le début de mon voyage en 2012 se déroule sous une pluie incessante et un froid persistant qui dure quatre bonnes semaines. Mes nuits sont bercées par le bruit de trombes d'eau criblant le toit et les vitres, cela ne s'interrompt guère de la journée. La température, autour de deux degrés le matin, ne dépasse pas huit degrés. Je marche avec cinq couches de vêtements, dont ma cape rouge bientôt populaire, sans faire de pause : à l'arrêt, la pluie persiste et l'impression de froid s'accroît. J'essuie souvent en route plusieurs orages de grêle, j'arrive à l'étape trempé et transi, mes chaussures m'imposent un bain de pieds permanent. Le ciel est bas, tout est gris, les chemins sont des bourbiers, seuls les champs de colza fleuris offrent une certaine luminosité, comme un ersatz de soleil agricole remplaçant le vrai en berne. Jamais je ne me suis posé la question de savoir s'il était bien raisonnable pour un homme de mon âge de cheminer inlassablement ainsi par ce temps de chien, si je ne serais pas mieux à lire un bon livre confortablement installé dans un fauteuil, au chaud chez moi. La réponse à cette question non posée eût en effet été évidente : non, définitivement non, il n'est nul endroit, nulle situation où j'aimerais mieux être que là où je me trouve, même dans la tempête. Le vent en rafales se fait musicien en agitant les grands arbres, il les fait résonner, vrombit lorsqu'il s'engouffre dans le défilé entre les collines. Il fait danser les feuilles et les brins d'herbe, parfois dans un tourbillon de poussière grise ou ocre. Le merle ne s'en laisse pas conter, il veut être de la partie. D'un coup, miracle, le ciel d'une teinte bronze se déchire, une luminosité plus claire rappelle pour un bref instant que le soleil, quelque part, existe, que tout reste possible, on voit en rêve un filet de bleu que les nuages indignés recouvrent bien vite.

Le temps est plus clément en 2014 de la Bretagne à la Méditerranée, d'autres épreuves m'attendent. Par un soleil de plomb, je marche aujourd'hui comme sans doute jamais dans ma vie, parcours quarante-deux kilomètres, grimpe près de deux mille mètres et descends bien plus encore. Je suis sur la crête de la Bigue à l'Andran et me dirige vers Digne-les-Bains, au bord de la Bléone, neuf cents mètres plus bas. Chaque pas est si pénible que je me persuade que c'est le dernier. Puis, je recommence, pas après pas. Sur une petite prairie, deux chevaux paissent dans la fraîcheur nouvelle du soir, ils m'apaisent. Je vois la pente raide et caillouteuse sur laquelle il me faut m'engager : ne vais-je pas, dans mon état, rouler dans la pente ? Mon allure est incertaine, mes genoux sont au supplice, les pierres roulent sous mes chaussures, je glisse, me rétablis, je tiens. Quelle interminable descente, je n'en verrai jamais le bout ! Si pourtant, je passe le pont, je suis dans la ville, pourvu que les restaurants soient encore ouverts. Quelle belle journée ce fut, je suis heureux.

Parvenu au terme de mon périple, dominant déjà les baies de Menton et de Monte-Carlo, je ne peux me résoudre à m'engager dans l'ultime descente et décide de quitter le GR 52 rejoint à Sospel pour accéder au Grammondo, le Grand Mont. De l'autre côté de la frontière ligure, c'est à près de 1400 mètres le point culminant de la région. J'y suis déjà monté avec Elle, en novembre 1992, la première neige tombait. Rien de tel, ce matin, le ciel est encore limpide, les rochers et les falaises calcaires blanchies par la lumière rasante d'un soleil encore bas m'évoquent des spectres qui, surpris dans leurs danses et ébats nocturnes, se seraient brutalement figés. Il me reste à rejoindre la mer 1400 mètres plus bas et c'en sera fini non seulement de cette traversée, mais aussi sans doute de toute longue chevauchée pédestre similaire. Il n'en demeure à cet instant qu'une suite ininterrompue d'émerveillements, de la beauté approchée et comme bue avidement mais aussi des souffrances surmontées. Je devais le faire, cela a été dur, très dur parfois, et m'y voici, c'est magnifique. Rien de tel ne m'attend en bas, pourrais-je y être si heureux ? J'en doute, à cet instant, et ne peux me résoudre à amorcer la descente. L'orage s'annonce en fin de matinée, ils sont couramment violents dans la région, j'en ai déjà fait jadis l'expérience. Je pourrais être foudroyé, seul au sommet. Peut-être le serai-je ? Qu'importe, une fin possible en apothéose ! Non, en fait, les éclairs zèbrent un ciel qui a viré en moins d'une heure du bleu le plus clair au bronze le plus menaçant, le tonnerre suit dans la foulée, la foudre ne tombe pas loin, elle m'entoure, elle m'épargne comme si j'étais dans une cage de Faraday. Il pleut à verse, je me décide à me remettre en route. Un feu d'artifice final qui, dès le lendemain, s'ajoutera aux images enchantées conservées dans ma mémoire.

Chemins de beauté

Ma sensibilité personnelle à la beauté explique l'attention que j'ai portée à la sensibilité esthétique dans mes travaux et réflexions sur la nature de nos semblables. L'apparition de cette aptitude semble contemporaine du début de l'évolution des primates du genre *Homo*, qu'elle a puissamment stimulée. Elle m'apparaît essentielle à l'épanouissement d'une vie proprement humaine. Depuis mon enfance, me mettre en chemin a toujours été l'un des moyens d'y accéder, ce fut le cas aussi de mes deux traversées du pays. Je me suis en chemin établi une sorte de hit-parade de la beauté ressentie. Je précise « ressentie » pour rappeler la subjectivité de ce choix. La beauté, je l'ai dit, n'est pas un attribut de ce qui est vu tel, mais une qualité projetée par celui qui l'éprouve. En ce qui concerne les paysages, je retiens, par ordre chronologique, les méandres de la Meuse qui entaillent à l'emporte-pièce le vieux bouclier ardennais. Le long ruban fluvial dont la teinte varie du bleu marine au vert plus ou moins clair, parfois veiné de gris, serpente au fond de gorges profondes surmontées d'une forêt dense aux hautes futaies. Impressionnant. Je mets ensuite à mon tableau d'honneur les Hautes Chaumes du Forez, battues par le vent, aux ondulations herbeuses incroyablement fleuries, parsemées aux sommets des buttes de quelques pins torturés. Entre vallée de la Loire à l'est, les monts d'Auvergne à l'ouest, entre jasseries ligériennes et burons auvergnats, le chemineau est seul au monde dans la lumière et l'immensité de paysages ouverts à perte de vue. Seules quelques vaches Aubrac aux yeux fardés et des petits chevaux, stoïques dans les bourrasques le regardent passer avec un intérêt distant. Mon troisième choix du périple de 2013 se porte sur les crêtes d'Iparla, dans les Pyrénées basques. Sur le bord de la falaise à pic qui domine de quatre à cinq cents mètres la Basse-Navarre française, une jument aux aguets se tient, les oreilles en avant et mobiles. Deux poulains dorment, insouciants, à ses pieds tandis que tournoie au-dessus du trio une forte colonie de vautours pourpres à l'impressionnante envergure. Certains, parfois, plongent vers la vallée, on distingue alors le plumage brun mordoré de leur dos, la jument frémit. Au loin à l'ouest, le golfe de Bayonne se découpe nettement ; à l'est, les premiers hauts sommets pyrénéens sont encore couverts de neige. Des troupeaux de brebis noires paissent sur les pentes modérées du versant espagnol. Ce sont de ces endroits qu'on aimerait ne jamais quitter. Au contraire de la beauté des œuvres humaines, les sites paysagers remarquables me sont apparus un peu plus nombreux en 2014, de la pointe du Raz à Menton. Il me faut débuter par la côte nord du cap Sizun, archétype remarquable de la Bretagne maritime rocheuse. Les hautes falaises de granit sont entaillées de failles, de fjords, de baies dans lesquels l'océan écumant s'engouffre avec fracas soixante-dix mètres plus bas. Des îlots rocheux à quelques mètres de la côte sont tapissés de varech sombre, de lichens couleur brique, ocre ou franchement orange, de mousses d'une étonnante palette de verts ; des centaines de mouettes, goélands, cormorans, guillemots de différents types y sifflent, pleurent, raillent, battent des ailes, comme pour ne pas s'en laisser conter par les trompettes du vent et la batterie des flots. Le vacarme est assourdissant. Dans la lande austère, les ajoncs aux épines redoutables sont couverts de jeunes fleurs d'un jaune éclatant, leur luminosité met en valeur le rose bleuté des armerias maritimes qui trouvent refuge entre les blocs de pierre scintillante. Ensuite, d'une grande foulée, j'emmène le lecteur en Brenne dont, par temps clair, les plus de mille étangs miroitent au soleil et réfléchissent une étonnante palette de coloris selon les plantes aquatiques dominantes et l'environnement végétal. C'est là en France, avec la Camargue, l'un des plus importants terrains de jeux d'oiseaux innombrables, dont les élégants hérons pourprés qu'on ne rencontre guère qu'ici. La vallée cristalline de la Creuse, vallée des peintres, est, je pense, ma découverte principale au cours de mes deux traversées. J'y reviendrai en évoquant le sublime. Enfant de Touraine, écolier ayant appris comme tous mes camarades que la Loire prend sa source au pied du mont Gerbier-de-Jonc, je n'avais, à près de 70 ans, jamais vu ni ce mont ni cette source. Je m'en sentais frustré et avais conçu mon parcours pour guérir cette frustration. Depuis le sommet du mont Mézenc, j'aperçois pour la première fois le dôme parfait du Gerbier-de-Jonc, en bordure est du cirque des Boutières. Sa couleur très claire veinée d'un ruban plus foncé me surprend pour un suc volcanique. Je traverse le lendemain le cirque, le Gerbier-de-Jonc en ligne de mire, je m'avance vers lui intimidé, commence à l'escalader avec respect. Un dernier regard au « Mézenc aux deux têtes » (l'une est auvergnate, l'autre rhône-alpine), aux sucs et enclumes qui décorent le plateau volcanique entre Loire et Rhône, il me faut redescendre, la source m'attend. Je cherche dans le vallon en contrebas du mont le ruisseau où se réunissent les multiples filets d'eau qui sourdent à sa base, la jeune Loire. Elle cascade de roche en roche au milieu de la prairie inclinée, comme le lait qui coulerait d'une mamelle volcanique nourricière. Sur les hauteurs hérissées de l'Ardèche, léchées par la lumière douce du soir, quelle émotion ! Pour terminer mon inventaire de la beauté en chemin, j'invite à jeter un dernier coup d'œil à la barre des Dourbes, grande falaise calcaire des Alpes-de-Haute-Provence, à l'est de Digne. J'en longe le matin sur environ dix kilomètres la face ouest haute de plusieurs centaines de mètres, la barre des Écrins et le Pelvoux, dont les sommets enneigés sont déjà couverts de leur petit chapeau nuageux, sont bien en vue dans le lointain, au nord. Lorsque le soleil levant s'insinue dans une faille de la paroi, un éclatant faisceau de lumière balaie le paysage, le transfigure. La roche paraît blanche comme de la neige, elle réverbère. Les fleurs émergent pimpantes de l'ombre, des perles de rosée étincellent. Un chemin escarpé et une escalade facile me permettent enfin d'atteindre la crête de la falaise. Je débouche sur un vaste paysage plus doux, avec de petits lacs ronds au fond de la vallée. Un site étonnant.

La branche de ma croix pédestre conduisant des Ardennes au Pays basque est bien entendu la plus riche en monuments remarquables puisqu'elle coïncide depuis plus de dix siècles avec les itinéraires des plus grands pèlerinages chrétiens d'Europe. Les sanctuaires, parmi les plus beaux du pays, y sont nombreux : les basiliques Sainte-Marie-Madeleine de Vézelay et Sainte-Foy de Conques, l'abbatiale Saint-Pierre de Moissac sont des splendeurs bien connues. Maints autres chefs-d'œuvre parsèment le parcours, au Puy-en-Velay et dans de nombreuses cités et villages. En revanche, seule la basilique Saint-Julien de Brioude et l'abbatiale Saint-Robert de La Chaise-Dieu se hissent selon moi au même niveau entre la Bretagne et Menton, avec une mention particulière pour Saint-Julien. C'est en effet l'un des plus beaux représentants du roman auvergnat, un peu méconnu et pourtant magnifique avec ses pierres polychromes, basaltes, grès, marbres et galets de l'Allier.

L’épreuve du sublime

Il m’arrive, confronté à la beauté, d’en être à ce point subjugué que la violence de l’émotion me sidère et annihile tout autre sentiment, agréable ou non, remplace toute autre émotion, investit ma pensée. Souvent, dans ces cas, je sens ma gorge qui se serre, mes mains sont moites, je pleure, j’en ai conté des épisodes. Je suis alors confronté à l’épreuve du sublime. Cela m’est arrivé à Sainte-Foy de Conques lors de ma première diagonale et en abordant la « vallée des peintres » à Crozant, dans la Creuse. Je suis depuis retourné en ces lieux, y ai cheminé à nouveau, avec ma compagne cette fois, curieux de ses impressions et de ce que je ressentirais lors de cette seconde rencontre. En ce qui me concerne, malgré l’absence de surprise, le choc esthétique est resté le même. Je crois qu’il a été partagé.

Je me sens un peu anxieux en cette belle journée du début juillet 2013 lorsque, quittant le plateau du Rouergue, je dégringole la pente raide de la vallée du Dourdou. Tous ceux qui m’ont parlé de Conques et de son abbatiale Sainte-Foy, les pèlerins rencontrés, ont usé de superlatifs. J’ai vu de nombreuses images du site et du sanctuaire, lu des textes éblouis. Ne risqué-je pas d'être au final déçu d'une réalité déjà trop déflorée ? La pente s'adoucit, maintenant, les premières demeures apparaissent, le chemin fait place à une ruelle pavée qui descend entre de petites maisons claires à colombages, on quitte le siècle pour pénétrer dans un petit bourg actif de la fin du Moyen Âge. Plus haut, droit devant, la tour ronde et la façade du château d'Humières. Enfin, en contrebas sur la gauche, dans sa splendeur, l'abbatiale et ses deux tours carrées coiffées de pyramides quadrangulaires en pierres plates. Les vitraux de Soulages m'apparaissent bleutés, ils vireront presque au blanc dans l'après-midi, et prendront une tonalité dorée au déclin du jour. Mon appréhension se dissipe, la déception est impossible, l'épreuve du sublime probable. Elle se confirme devant la magnificence du tympan de Sainte-Foy où s'affrontent le bien et le mal, les bienheureux et les damnés. Sous les arcs en plein cintre, au pied des colonnades, mon esprit se libère du corps douloureux du marcheur. Dans la lumière bouleversée qui émane des vitraux en verre soufflé, il s'envole vers la tribune, caresse les délicats chapiteaux romans, vibre avec les longs et profonds accords de l'orgue accompagné, ce soir-là, d'une trompette. L'extase. Quittant Conques à regret le lendemain au petit matin, je franchis le Dourdou par le pont romain, entame la pénible ascension vers le côté ouest du plateau. Parvenu à la chapelle Sainte-Foy, je souffle un peu et contemple une dernière fois le site, la vallée profonde, l'encorbellement de la petite cité, l'abbatiale. Mon regard se porte aussi au tréfonds de moi où Conques est désormais inscrite, l'un des trésors de ma mémoire des merveilles, jusqu'au bout du chemin.

La vallée cristalline de la Creuse au sud d'Argenton-sur-Creuse, entre Gargilesse-Dampierre et Fresselines, a provoqué la même émotion chez des générations de peintres. George Sand, la « bonne dame de Nohant », fait connaître la vallée et ses environs où se déroulent maints de ses romans, elle crée le désir de ses eaux chantantes et chatoyantes, des genêts qui ensoleillent les pentes même lorsque le ciel est gris, de ses bruyères dont les fleurs innombrables tapissent les reliefs rocheux d'un voile rose frémissant sous la bise. Elle vante sa lumière éclatante par temps clair, ses changements avec la course du soleil, chante le miroitement des cristaux de quartz et de mica affleurant la surface du granit dont les amoncellements parsèment la lande de fougère entre d'épaisses forêts. Elle attire auprès d'elle des poètes, des musiciens, et des peintres aussi. Delacroix, d'abord, suivi de bien d'autres durant plus d'un siècle et jusqu'à nos jours. Tous tomberont sous le charme. En 1889, Claude Monet consacre à la confluence entre Petite Creuse et Grande Creuse et au bloc granitique qui s'intercale entre elles la première de ses séries, variations picturales sur un même motif. Le promeneur moderne ne peut contempler exactement les mêmes paysages que ceux qui ont inspiré tant d'artistes. D'Éguzon à Crozant, le lac Chambon de retenue du barrage a remplacé en effet la rivière parfois maigre qui, jusqu'à la fin des années 1920, s'écoulait entre les rochers ; la disparition presque complète de l'activité pastorale a laissé la végétation dense et la forêt gagner sur le décor minéral et de lande rase que Monet a peint à la confluence de Fresselines, beaucoup de moulins ont disparu. Pourtant l'essentiel demeure, que, observateur attentif, j'ai pu observer depuis les ruines du château de Crozant face à la vallée, au déclin du jour. Les deux fois, j'ai reconnu dans les rochers de la rive nord, celui des Fileuses et d'autres, l'équivalent du bloc peint par Monet, ses pierres pourpres, rousses ou jaunes couvertes de lichens, la gamme des verts de ses mousses, le scintillement des cristaux minéraux dans un entrelacs d'arbrisseaux nains, le tendre et rose murmure des bruyères fleuries à la saison. Ici, la rivière enlace amoureusement la masse de granit dans un méandre langoureux, échange avec elle mille reflets changeants selon l'inclinaison du soleil. L'image composite de ce que je contemple émerveillé et de tel ou tel tableau des peintres de Crozant s'est chaque fois imposée à moi. J'ai compris pourquoi émane de cette splendeur comme une énergie rayonnante qui a envahi les artistes inspirés par la vallée-muse, vallée-atelier de la Creuse, et les a amenés à créer des chefs-d'œuvre. Comme à la Sainte-Victoire peinte tant de fois par Paul Cézanne, on assiste à Crozant à l'évolution du style paysager de l'école de Barbizon vers un jeu de volumes plus sobres et aux couleurs moins vives. Quant aux quelques toiles peintes dans la vallée par Picabia en 1909, elles occupent une place essentielle dans son œuvre, celle à laquelle je suis le plus sensible. Le jeune peintre est en plein doute, à l'époque, il s'apprête à abandonner le style paysager figuratif.

Cependant, le paysage dégage en ces lieux une telle puissance qu'elle s'impose à lui déjà en chemin vers ailleurs. En une ultime fulgurance fauve, le résultat en est éblouissant. L'embrasement de l'âme, pour ces peintres en leur temps, pour moi chaque fois, pour vous, lecteurs, lorsque vous nous rejoindrez.

Le caractère grandiose d'un paysage ou les œuvres du génie humain ne sont pas seuls susceptibles de déclencher le raz-de-marée émotionnel du sublime, des fleurettes le peuvent aussi. Partant de La Godivelle, haut lieu du Cézallier avec ses vingt-cinq habitants dans le bourg, je me dirige en juin 2014 vers Blesle, en Haute-Loire. Cette longue étape me fait passer vers 1500 mètres d'altitude à proximité du signal du Luguet, le plus haut sommet des monts du Cézallier, en la seule compagnie des vaches rouges aux cornes-lyres, les salers. Je redescends à travers les prairies en direction du hameau de Parrot lorsque, estomaqué, je me bloque soudain : des centaines d'orchidées sauvages s'étalent à mes pieds, un concentré de la fragile beauté du monde que mes pas pourraient saccager. Elles sont à une dizaine de centimètres les unes des autres, ma chaussure ne peut s'y poser sans commettre l'irréparable, écraser des orchis tachetés, imposer la lourdeur du corps à la grâce infinie de ces délicates merveilles. Coniques, ovalaires, richement décorées de teintes subtiles et d'arabesques savantes, elles dansent pour moi au vent léger des cimes. Déesses Shiva démultipliées, toutes différentes, elles exécutent de leurs silhouettes fines et de leurs innombrables bras aux mains en forme de cœurs inversés une danse sacrée qui me subjugue. Celle-là, aux pétales couleur de lait ornés de taches roses, me fait la révérence. Des débutantes resplendissent d'une adolescence plus réservée, les poings encore fermés en autant de perles presque rouges. Les mouches de couleur sont remplacées chez certaines par des zébrures ocre. Soucieuses sans doute de ne me laisser aucune chance de leur résister, d'autres se sont munies de voiles et de bijoux aux teintes variées, violet, pourpre, mauve. Dieu, quel spectacle pour le grossier chemineau immobile, comme statufié dans la pente ! Ai-je bien mérité une semblable félicité ? Peu importe, la chance m'en est offerte et j'en tremble d'émotion. J'accède aussi à une évidence parfois ignorée : tant qu'existeront de telles fleurs et qu'elles se dévoileront, il ne pourra exister de malheur absolu pour celles et ceux qui auront su les contempler et en être bouleversés.

Spiritualité en chemin

Certains astronomes contemplant l'immensité, l'étrangeté, l'harmonie et la splendeur de l'univers croient y déceler la marque de Dieu. Ils rejoignent en cela la cohorte des savants des Lumières : en remontant la chaîne des causes de phénomènes étudiés et se posant la question de l'ordonnateur de leur perfection, ils arrivaient à Dieu : il s'imposait à eux en tant que cause première, cause de lui-même. Ma disponibilité à la beauté de la nature, l'émotion provoquée par la plus modeste des fleurs du bord des chemins lorsque je m'y arrête, l'examine et l'admire, conduit à ce que l'on m'interroge souvent sur la dimension spirituelle de ma quête. L'interrogation semble d'autant plus légitime à mes lecteurs et à mes auditeurs que je fais état de ma fascination pour les calvaires, vieilles églises, chapelles, abbayes, abbatiales, cathédrales et autres lieux de culte. Le plan de mes marches est conçu pour me permettre d'en visiter le plus grand nombre, au prix de tours et de détours qui font de la ligne droite une exception de mes itinéraires. On me signale parfois, chemin faisant, un sanctuaire modeste mais remarquable dont j'ignorais tout. Je n'hésite alors pas et ajoute dix ou vingt kilomètres à mon programme pour l'aller découvrir. Et, le plus souvent, me louer qu'on m'en ait averti et que j'en aie tenu compte. Comment pourrait-on vibrer sans référence à l'Esprit dans l'ombre sereine d'une église romane d'Auvergne ou du Poitou ? Lorsque, par ses ouvertures étroites et hautes, pénètrent avec parcimonie les rayons d'une lumière frémissante qui caresse et dévoile des chapiteaux d'une bouleversante pureté ? Se sentir sans lui touché au plus profond de l'âme lorsque, tournant le dos au chœur, on est enveloppé l'après-midi par mille flammes colorées que le soleil allume à travers la rosace ? Comment rendre compte sans référence au sacré du prodige des taches de clarté éblouissante qui, au solstice d'été, se disposent au centre de la nef de Sainte-Marie-Madeleine à Vézelay ? Ou bien de l'exaltation qui nous saisit lorsque, derrière la crête et les sommets, le firmament s'embrase à l'aube, qu'il arrache à la nuit fleurs, arbustes et rosée, fait scintiller la roche et transfigure le laquet terne en un miroir scintillant ? Comment décrire le sentiment qui nous étreint lorsque, au crépuscule, en un effort désespéré avant d'expirer, l'astre du jour peint avec un talent instantané de prodigieux et éphémères chefs-d'œuvre, maelströms rouge orangé, zébrés de violet et de bleu nuit, tourbillonnant de sauvagerie et de puissance tandis que l'obscurité gagne et avale le monde ? L'Esprit ne s'impose-t-il pas après s'être révélé de si éclatantes manières ? « Et Dieu dans tout ça ? » me demandent alors les croyants, incrédules que je puisse ne pas le déceler à travers ses irréfutables manifestations. L'esprit, oui, je le sens, il m'investit. Il est communion avec le vent et la pluie, le soleil au zénith et l'étoile du Berger, la forêt étouffante et l'immensité claire embrassée du sommet de la montagne, l'orage qui gronde et l'arc-en-ciel de l'espoir, les lames frangées d'écume qui se brisent sur les rochers et le torrent qui chante dans l'alpage. Il m'apporte les joies du chemin et le bonheur ressenti. L'amitié et l'amour, aussi. Il alimente et enrichit mes pensées de chemineau. L'hypothèse que son origine me serait extérieure, extérieure à nous, à la femme aimée, je ne la fais cependant pas. Mon esprit, l'esprit de chacun se sent à l'étroit, enfermé dans nos têtes tel un gaz sous pression dans sa bouteille. Marcher, c'est lui ouvrir les vannes. Alors, il se répand, s'insinue partout, il infiltre le monde et en prend possession, en résonance avec lui. Il lui confère la beauté qu'il ressent et fait frémir les corps. Cheminant, je baigne dans une nature inspirée ; j'en suis, moi et les autres, l'inspirateur, elle nous inspire.

L'esprit, oui, bien entendu. Mais un esprit immanent qui, libéré et exalté par la magnificence du monde, imprègne les choses et les anime. La transcendance ? Elle n'est pas nécessaire à ma joie, son hypothèse m'est devenue étrangère. Qu'elle habite les pensées de tant de mes semblables d'hier et d'aujourd'hui ne me cause nul souci. Le cœur d'autrui est une énigme, un refuge qui m'attire mais que je ne saurais violer. Dieu y réside chez certains, il est là incontestable et m'émerveille parfois. S'il est la passion qui a enflammé les sculpteurs des chapiteaux du cloître de Saint-Pierre de Moissac, le tympan du Jugement dernier de Sainte-Foy de Conques, du christ en majesté du narthex de Sainte-Marie-Madeleine de Vézelay, ou encore la *Mise au tombeau* de Saint-Jean-Baptiste de Chaource, je l'admire sans réserve. Leur esprit, celui des bâtisseurs de Saint-Michel d'Aiguilhe, de Saint-Julien de Brioude, de La Chaise-Dieu, celui des auteurs de la fresque « la danse macabre » dans cette abbaye, participe à l'esprit du monde, il l'illumine. Leur foi les éclaira, elle nous éclaire encore. Observer le bonheur qu'elle suscite chez des croyants engagés, moniales, moines ou simples fidèles, éveille en moi un désir que je ne puis assouvir, comme un regret sans espoir : Dieu ne m'habite plus, il s'en est allé. Ma vie de penseur en chemin m'a permis depuis de le remplacer par la musique de l'esprit ému par la beauté qu'il projette sur ce que je découvre aux détours des sentiers, ceux de terre et ceux de la vie, par ses résonances et son écho en moi. Les effets de la passion et de la flamme que les croyants portent en eux et qu'ils appellent Dieu participent à la spiritualité immanente dans laquelle le marcheur va son chemin.

Avec mes enfants sur les chemins

N'avoir pas partagé l'ivresse des chemins avec mes enfants est l'un de mes grands regrets. Ma vie, la leur, ne l'ont pas permis et j'aurai finalement plus arpenté les sentiers avec mes petits-enfants qu'avec leurs parents. Pourtant, ils ne le savent pas, j'ai bien souvent marché avec eux, en particulier durant mes deux diagonales transnationales. Les deux fois, une journée du milieu de juin leur a été tout entière consacrée, les dimanches de la fête des Pères. Je suis le 17 juin 2013 sur la crête du Forez en direction du col du Béal. Dès mon départ du sanctuaire de Notre-Dame de l'Hermitage, je me mets en quête de Jean-Emmanuel, Isabelle et Cécile, décidé à cheminer avec eux et espérant qu'eux-mêmes sauront me rejoindre. Ils sont seuls à m'accompagner sur ces hautes terres, penser en chemin est ce jour-là, et encore l'année suivante, penser à eux, à nous. Mes rapports à Jean, mon père, ont modelé ceux que j'ai tenté d'avoir avec mes enfants. Il en est j'imagine toujours ainsi. L'un des événements les plus banals de la vie humaine conserve à mes yeux son étrangeté : un enfant qui a eu une mère et un père devient à son tour parent, il a des enfants. Ses relations avec eux auront leurs caractéristiques propres mais garderont l'empreinte de ce qu'il a connu et ce qui l'a édifié, pour s'en inspirer ou s'en distinguer. Je ne fais pas exception. Jean a été sa vie durant obsédé par la quête d'une loi qui baliserait le chemin à suivre, hésitant entre sa transcendance et son immanence. Moi-même devenu imperméable à toute notion de spiritualité transcendante, j'en ai remplacé l'exigence par celle du devoir immanent d'assumer ses responsabilités. Avoir des enfants a été le choix de leur maman, mon épouse, et le mien ; je suis sans conteste responsable de leur être au monde. Dans le chaos de ma vie familiale – et en cela reproduisant hélas un schéma familial –, je me suis efforcé de ne jamais leur manquer. Le risque en était en réalité nul car ils ont toujours été tous trois objets d'un amour évident et ont un droit légitime à une place de choix dans mon esprit. Cette évidence incontestable admise, je n'ai pu cependant manquer de vouloir la comprendre en raison. La responsabilité ne suffit pas, on est loin d'aimer tout ce dont on se reconnaît responsable. Or, je les aime. Ils m'ont d'abord ému par leur fragilité confiante, leur dépendance initiale, la spontanéité de leur tendresse. J'ai ensuite été un observateur attentif et stupéfait de leurs progrès, de leur envol. Ils n'ont jamais été ma seule raison d'être mais qu'ils soient et deviennent me passionne. Chaque itinéraire humain s'apparente à une fascinante aventure pour peu qu'on s'y intéresse, le leur m'habite. Ils sont maintenant des adultes, des parents dont le contact me séduit et m'enrichit. J'ai tenté auparavant de maintenir un équilibre entre deux aspects de la fonction parentale : protéger l'espace de liberté dans lequel il leur revient de se reconnaître, de s'édifier et de s'épanouir ; mais aussi constituer toujours pour eux un repère accessible et disponible, la certitude d'un phare qui marque l'entrée du port dans les tempêtes de l'existence. C'est difficile, le chemin entre indifférence et tutelle pesante est étroit, il n'est pas perçu de la même manière par les enfants et leurs parents. En ces journées de juin, mes enfants sont partout, dans les reliefs rencontrés, la vigueur des grands pins, la vulnérabilité des pensées multicolores qui tapissent les prairies ondulées et décorent celles de mon esprit. Je suis bien avec eux. Mais, que suis-je pour eux ? En principe, peu importe puisque mon attachement est inconditionnel. Cela m'importe, pourtant, je ne sais éviter de m'en soucier. Cette fête des Pères est une invention mercantile et, pourtant, je n'ai jusqu'en 1969 jamais cessé, avec mes frères, de la souhaiter à Jean. Que mes enfants se la rappellent est en soi sans importance, là ne résident pas l'authenticité et la force de leur sentiment pour moi. Pourtant, l'idée m'obsède : « Vont-ils y penser, me téléphoner ? » Non, rien, je vais, seul, ils sont là, je suis loin d'eux. La marche perd de sa saveur, le poids de leur absence est, pas après pas, plus lourd. Enfin, mon téléphone me prévient, je décroche, il y a pensé : « Bonne fête, papa. » Cela va mieux, c'est un début. La seconde se manifeste après mon pique-nique dans les bois. Il en manque une, ce n'est pas possible ! Aucun des trois, peut-être, mais là ! Je les aime tout pareil, moi, un défaut s'est-il glissé dans ma relation avec l'un d'entre eux ? Je tâche de me remémorer les détails de nos rencontres, leurs réactions lorsqu'ils ont appris mon projet. Ils n'ont au départ pas soulevé d'objection, ils connaissent à la fois ma passion pour la marche et mon désir irréfrénable de liberté. Certes, quelques semaines après mon départ, l'une de mes filles m'a envoyé un SMS : « Papa, je sais que tu t'éclates, seul sur les chemins de France. Pourtant, moi je m'inquiète de t'y savoir ! » Je n'ai en tout cas perçu là qu'un témoignage de son affection filiale. L'après-midi est maintenant bien avancé, j'arrive au col et entame ma descente vers mon gîte de Chalmazel. Mon téléphone sonne, enfin, c'est la troisième, tout est en ordre. Le marcheur heureux est un père comblé.

Sécession en chemin

Petit, j'ai bien des fois lu et relu *Le Tour de la France par deux enfants*[1] d'Augustine Fouillée (alias G. Bruno), y ai perfectionné l'apprentissage de la lecture. Suivant mon âge, je me suis identifié à Julien puis à André quittant Phalsbourg occupée par les Prussiens, « apprenant la France » au cours d'un long périple vers Marseille pour retrouver leur oncle. Le modèle de ce voyage initiatique s'est imposé à moi dès mon départ de Givet le 8 mai 2013. J'ai en effet été plongé dans un pays dévasté par la succession depuis près d'un siècle des crises économiques qui ont balayé l'essentiel du tissu industriel de petites villes jadis prospères. Incapable de détourner un regard gêné de cette douloureuse réalité humaine, je me suis senti tenu d'en rendre compte. Cent cinquante ans après les deux enfants de Lorraine, me voilà à mon tour devenu un observateur attentif des réalités françaises, celles du début du XXIe siècle. Je me suis efforcé d'avoir une vue d'ensemble de la

1. G. Bruno, *Le Tour de la France par deux enfants,* Belin, 1877.

situation économique, de ses répercussions psychologiques et sociales, de ses retombées politiques. Cette enquête que l'état de mon pays m'imposait d'ajouter aux objectifs initiaux de mon voyage s'est nourrie de rencontres programmées tout au long du chemin, avec mes lecteurs et tous ceux qui le désiraient. J'ai de la sorte pu échanger avec des centaines de personnes, peut-être un millier en 2013. Les contacts humains du chemineau sont facilités par la curiosité, souvent la sympathie qu'il suscite. Les gens ont perdu depuis plus d'un siècle l'habitude d'accueillir un observateur de leur situation, une sorte d'enquêteur se déplaçant de bourg en bourg, de ville en ville, à la seule force motrice de son pas. Leur disponibilité à l'échange en est à l'évidence accrue. Mes deux ouvrages relatant cette longue marche constituent un document sur la France et les Français de ce début de nouveau siècle tel qu'un marcheur attentif et obstiné a pu les observer et les appréhender. J'en ai tiré des leçons sur les causes de la résistance variable des territoires à la dureté des temps et proposé des pistes pour ceux qui se trouvent le plus en difficulté. Cette analyse m'a conduit à soigneusement distinguer les réalités et questions du monde rural et celles des bassins industriels et plus souvent, hélas, postindustriels que mon parcours m'amenait à traverser.

Sur mille trois cents kilomètres, des Ardennes à Decazeville dans l'Aveyron, en passant par la Champagne, le Morvan, la Bourgogne, le Bourbonnais, le Forez, l'Auvergne et la Lozère, de Nouzonville sur la Meuse à Decazeville en Aveyron, les cités traversées ont perdu les deux tiers de leur population. Le chômage complet y dépasse 20 % de la population, dont 50 à 70 % vivent de minimas sociaux. Le tableau s'améliore dans le Sud-Ouest et est bien moins dégradé dans le Grand Ouest par lequel a débuté ma traversée pédestre de 2014. La gravité, la sauvagerie même, de la dévastation industrielle dans la « diagonale du vide » connue des économistes et géographes entre le nord-est du pays et le centre-ouest aveyronnais a induit un désespoir plus ou moins résigné des habitants qui demeurent sur les lieux, en règle générale les plus âgés, les moins mobiles et ceux auxquels le marché du travail est d'accès le plus difficile. Ils se sont habitués à ce que, génération après génération, les entreprises ferment, les jeunes quittent le pays, les magasins disparaissent, les médecins ne soient pas remplacés, les services publics soient supprimés. Pour ces habitants le pire est certain, l'avenir ne peut être qu'une poursuite accélérée de la descente aux enfers à laquelle ils assistent depuis tant d'années. La mondialisation, la construction européenne, les étrangers, Paris, le pouvoir, les élites, tous ligués pour assurer leur perte et la disparition de leur mode de vie, sont tenus pour responsables du désastre. Ce pessimisme profond a un effet dissolvant sur tout ce qui « fait société », l'engagement associatif, syndical, la participation à la vie publique et aux élections. En effet, la certitude du pire fait apparaître toute mobilisation absurde. Ne reste plus alors qu'à se replier dans la sphère individuelle et familiale, parfois corporatiste. Le discours politique réaliste et raisonnable des élus est jugé complice du malheur vécu, on ne l'écoute plus, les citoyens font en quelque sorte sécession de la normalité gestionnaire de la vie publique. Je puis comprendre leur scepticisme, voire leur indignation, devant les doctes propos tenus par ces gens bien, en complet-veston, qui eux connaissent et comprennent les règles de l'économie et dont les pronostics sont toujours démentis. La notion de « destruction créatrice » est l'un de leurs leitmotivs. La popularité de ce concept est due à l'Américain d'origine autrichienne Joseph Schumpeter qui en réhabilita l'idée dans un ouvrage de 1942. Il ne fait en réalité qu'appliquer des concepts philosophiques nietzschéens et marxistes au flux continu de destructions et de créations d'entreprises. L'obsolescence de techniques et le tarissement de marchés imposent de fermer des manufactures pour réallouer les moyens humains et financiers ainsi libérés à des projets plus porteurs d'avenir et prometteurs. Seulement, les ouvriers des anciens centres industriels de la diagonale du vide savent bien qu'à l'heure de la mondialisation la destruction de leur outil de travail n'est suivie, au mieux, que de la création d'activité ailleurs, parfois à l'autre bout du monde. Dans leurs bassins, la destruction est durablement destructrice, d'emplois et d'espoir.

Incrédules, désespérés, ils sont dès lors accessibles à des propositions d'avenir qui consistent à revenir à un passé mythifié et regretté, ils prêtent l'oreille aux discours réclamant le départ de l'Union européenne, le retour au franc et l'expulsion des étrangers. Dans certaines de ces cités ravagées par la crise et en proie aux incivilités, parfois à l'insécurité, plus de 50 % des voix s'étaient déjà portées sur la candidate d'extrême droite au premier tour de l'élection présidentielle de

2012 et ce score devait augmenter encore en 2017. Phénomène paradoxal, les électeurs d'îlots de prospérité qui surnagent dans ces territoires lourdement éprouvés ont le même comportement électoral. Cela est manifeste dans de riches bourgs viticoles en Alsace, Champagne et ailleurs. Là, avec une immigration presque nulle et une aisance matérielle flagrante, les pourcentages de suffrages qui se portent sur l'extrême droite sont les mêmes que dans les communes voisines à l'économie dévastée. À côté de la sécession des éprouvés, il convient d'expliquer celle des préservés, voire des nantis. Encore favorisés eux-mêmes, ils sont dans la hantise du déclassement et de l'effondrement dont ils observent les effets à leur porte. Les bourgs voisins et les médias témoignent des difficultés des quartiers sensibles, des voitures qui brûlent, parfois des émeutes. Eux n'en ont pas l'expérience et ne peuvent faire la part des choses ; ils sont terrorisés de ce que cette vague mauvaise ne les engloutisse à leur tour. Souvent chasseurs, pêcheurs, encore agriculteurs, ils ont le sentiment que la société qui se construit ailleurs leur est hostile, que ses inquiétudes écologiques croissantes les transforment en coupables désignés et les privent d'une partie des ressorts de leur joie de vivre. Ici aussi domine le sentiment que des puissances malfaisantes ont la maîtrise de l'avenir et s'apprêtent, sans qu'on puisse s'y opposer, à conduire leur monde à des lendemains de deuil.

Une sécession rurale s'ajoute à celle des déclassés et des nantis, ses manifestations électorales sont violentes. Par certains aspects, elle peut sembler paradoxale. En effet, l'incontestable paupérisation industrielle qui inclut un effondrement du nombre d'entreprises, d'employés et des richesses créées par l'activité manufacturière ne peut être strictement comparée à l'évolution de la ruralité, comme je le détaille plus loin dans le chapitre « Chemins ruraux, communs et communes ». Quoique l'agriculture française reste dans l'ensemble prospère, créatrice de richesses, et que l'on puisse parler d'un véritable « renouveau rural », les difficultés ressenties par les ruraux sont réelles. Le nombre des agriculteurs a été divisé par plus de dix en quelques décennies, sous l'effet de l'accroissement de la productivité du travail lié au machinisme, associé à une augmentation parallèle de la taille des exploitations : de 90 à 100 hectares aujourd'hui contre moins de 10 avant guerre. Comme partout, commerces, services publics et médicaux disparaissent, l'univers villageois d'antan a été balayé. Que les habitants des campagnes appartiennent au groupe des personnes défavorisées ou à celui des personnes encore relativement avantagées, ils sont eux aussi justifiés à redouter l'évolution du monde et à regretter la vie d'autrefois, que la mémoire pare en général des couleurs éclatantes de sa jeunesse évanouie. Quoiqu'ils soient pour nombre d'entre eux les principaux bénéficiaires des subventions européennes, les exploitants n'en sont pas pour autant favorables à l'Union et sont prompts à la dénoncer lorsque les moyens de sa politique agricole commune menacent de décroître.

Épouvanté par ce que j'observais, par moments accablé, j'ai dès le début de ma première diagonale, en 2013, mis en garde contre le risque de sécession de pans entiers de la population française révoltés par les changements de la société en cours et sans espoir pour l'avenir, orphelins de toute perspective de progrès humaniste. Ce terme de sécession a été largement repris dans le débat politique et est encore en 2018 utilisé par les différents partis. Toutes les élections de 2014 à 2017 ont justifié mon inquiétude. Des candidats aux élections régionales de 2016 témoignaient de ce que les électeurs auxquels ils s'adressaient paraissaient n'accorder aucune importance à leurs discours (ils entendaient mais n'écoutaient pas). Des citoyens en sécession, en somme.

Territoires, chemins de fierté

La réalité du pays ne se résume heureusement pas au tableau décrit dans la diagonale du vide, des Ardennes à l'Aveyron minier. De la Gascogne au Béarn et au Pays basque, de la Bretagne aux Mauges, les territoires traversés connaissent dans l'ensemble un chômage deux fois moindre que dans le Nord-Est, le dynamisme économique apparent y est plus grand. Personne n'a échappé aux crises, à l'épuisement des ressources naturelles, à la désindustrialisation, aux conséquences de la mondialisation. Pourtant, le ressort pour faire face, pour rebondir, est sans conteste plus actif ici que là. J'ai même rencontré dans le Sud-Ouest, dans le Grand Ouest, en Ardèche, des personnes optimistes, une espèce plutôt rare dans la France de ce début de siècle ! Les seules données objectives telles que le climat, d'importantes ressources agricoles ou l'effet d'entraînement de grands secteurs industriels n'expliquent pas certains des contrastes observés entre les régions les plus éprouvées et d'autres mieux préservées, voire dynamiques. Certes, tout cela contribue à la situation économique. Profiter des retombées de l'aéronautique toulousaine, posséder un vignoble célèbre et prospère, une florissante fruiticulture, un actif marché au gras (foies et palmipèdes), une maïsiculture rentable et attirer de nombreux touristes sont d'indéniables atouts. Cependant, d'autres territoires préservés n'en possèdent pas de comparables, tels le Pays basque, la Bretagne et l'Ouest en général. La situation du sud du Maine-et-Loire – les Mauges, pays de Cholet – en est un bon exemple. Berceau de la révolte vendéenne de 1793, catholique et royaliste, cette région habitée de « mauvais citoyens » n'a jamais été favorisée par la République, qu'elle a défiée et menacée. Elle ne possède aucune richesse naturelle ni position industrielle ancienne. Ses choix antérieurs de développement ont périclité les uns après les autres : lin, textile, chaussure… Pourtant, elle demeure l'une des régions les plus dynamiques de France, son chômage y reste nettement inférieur à la moyenne nationale. Presque dans chaque village, on trouve une petite entreprise en activité, une agriculture intensive de type breton.

Comment expliquer de semblables disparités ? Lorsque j'ai découvert Figeac en 2013, puis traversé le Gers, le Béarn et le Pays basque, l'intuition m'est venue que le rapport des habitants à leur territoire constitue un paramètre essentiel de la santé de ce dernier. Développer mon hypothèse exige que je définisse ce que j'entends ici par « territoire ». Il s'agit d'un ensemble géographique, géologique et humain marqué par une histoire, y compris économique, qui l'a plus ou moins modifié. En son sein, des traditions populaires, culturelles, culinaires, festives se sont peu à peu établies qui en augmentent la cohésion. Or, le lien entre les citoyens et leur territoire est très variable, il est en règle générale plus étroit dans les plus dynamiques d'entre eux. La Champagne a une histoire riche et glorieuse. Ses foires des XIIe et XIIIe siècles étaient les plus importantes d'Europe, l'économie moderne s'y est forgée. Les templiers, Bernard de Clairvaux, les cisterciens ont partout édifié des commanderies, abbayes et autres édifices religieux. Les rois de France y ont été couronnés. La sculpture du « beau XVIe troyen » atteint selon moi des sommets. Ah, la *Mise au tombeau* de Chaource ! Cependant, ni chez les riches viticulteurs ni dans les cités jadis industrielles et aujourd'hui paupérisées et léthargiques je n'ai le sentiment que, hors la sphère intellectuelle, ce glorieux passé alimente la fierté des Champenois, qui n'en connaissent en réalité que bien peu. Tout autre est le tableau observé dans le Béarn, le Pays basque, la Bretagne aux si foisonnantes et vivantes traditions populaires. Là, les habitants croisés ont toujours été prompts à me conter tel aspect de leur histoire, me vanter la beauté de tel ou tel paysage ou édifice, m'expliquer les origines de coutumes pour lesquelles ils manifestaient une évidente fierté, ainsi que parfois de leur langue. Jeanne d'Albret, le bon roi Henri et les guerres de Religion sont couramment évoqués par les Béarnais. Les Basques sont prompts à rappeler à l'étranger qu'ils côtoient l'ancienneté de leur langue et de leur présence, ils se revendiquent comme les premiers Européens. Anne de Bretagne reste dans le cœur de tous les Bretons. Le ciment dans les Mauges est différent mais puissant, lui aussi : la foi catholique et les pratiques associées d'une part, la très forte mémoire collective de la sanglante répression de l'insurrection antirépublicaine de 1793 d'autre part. On m'a parlé en Champagne du combat des vignerons au début du XXe siècle, bien peu du comte Thibaud IV le Posthume, également roi de Navarre, et des foires. Je fais l'hypothèse que la fierté collective joue un rôle dans la meilleure résistance des territoires aux crises ; il m'en faut donner une possible explication. La plupart des grands bassins d'emploi de la diagonale du vide ont été peuplés lorsque les manufactures ont embauché massivement. La population de Mulhouse est par exemple passée de 5 000 habitants en 1750 à 50 000 un siècle plus tard et 100 000 au début du XXe siècle. Les usines fermées, les travailleurs ont en masse cherché du travail ailleurs, et ceux qui sont restés sont souvent entrés en sécession. Leur stratégie de survie s'est alors concentrée sur l'essentiel, chacun mobilisé à s'en sortir comme il le pouvait dans le marasme subi. En revanche, la fierté des Basques d'être basques, des Bretons d'être bretons est manifeste. La tourmente venue, les activités traditionnelles ayant implosé comme ailleurs, le désir de rester au pays et par conséquent d'y travailler, d'imaginer de nouveaux métiers, de développer de nouvelles filières a été plus vif qu'ailleurs. Là est par exemple l'origine du développement des filières agroalimentaires en Bretagne encore peuplée de plus de 3 millions de personnes et qui donne un emploi à plus de 90 % d'entre elles. Lorsque les fermes n'ont plus été capables de nourrir tous les fils qui y étaient nés, nombre de ces derniers se sont placés chez les charcutiers, les maraîchers, les biscuitiers de la région. L'instinct de survie individuelle dans les bourrasques de la conjoncture est général. Cependant, les habitants en communion avec leur territoire puisent dans leur fidélité et leur fierté à son égard un autre motif d'engagement, collectif celui-là : contribuer ensemble à le défendre, à le redresser, à le développer, à le promouvoir. C'est là une réhabilitation du sens de l'action commune en faveur d'un objectif partagé. Les sécessionnistes, tout entiers occupés à ne pas sombrer individuellement, ne savent pas en utiliser l'efficacité. Or, elle va de soi, puisque sont par là accrues les motivations d'agir, pour soi et les siens, certes, mais aussi ensemble pour le bien commun dont chacun est bénéficiaire. En bref, on est plus optimiste à Pau, Bayonne, Rennes ou Nantes qu'à Charleville-Mézières ou Decazeville, et cela aide. De plus, l'attachement des citoyens à leur territoire et région les rapproche plus de l'idée de nation française et, peut-être dans l'avenir, européenne, qu'il ne les en éloigne. En effet, un Breton amoureux et fier de la Bretagne ne peut ignorer ses liens géographiques, historiques et économiques avec la Normandie, les Pays de Loire et, en définitive, avec la France au sein de l'Europe. La fierté de son terroir peut être un premier pas vers celle de son pays dont la généralisation du sentiment aurait sans doute tant d'effets positifs. À l'inverse, les sécessionnistes, convaincus du pire et repliés sur leur univers proche, sont à des années-lumière de la dimension nationale, a fortiori européenne. La référence au potentiel mobilisateur d'un engagement en faveur du bien commun m'offre la transition idéale pour revenir en détail sur l'évolution des communes rurales de France.

Chemins ruraux, communs et communes

Le discours de déploration d'une ruralité vidée de ses agriculteurs, dégradée, désertifiée et paupérisée est courant. Le chemineau vagabond attentif qui la parcourt retrouve là certaines de ses propres observations mais ce discours diffère pourtant de ses conclusions les plus pessimistes. En fait, surtout en ce qui concerne les quelque 1300 kilomètres de la « diagonale du vide » du Nord-Est au Centre-Ouest, le contraste est frappant entre le ravage décrit plus haut de l'activité manufacturière et une agriculture dont le dynamisme m'a préservé du découragement le plus total lorsque, quittant des cités exsangues, je cheminais dans nos campagnes. Certes, la dépopulation frappe les deux secteurs, avec ses conséquences sur la vie sociale et le bien-être individuel. Cependant, là où le tissu industriel des petites cités a disparu, où en moyenne le nombre des habitants est réduit au tiers de ce qu'il était il y a quelques décennies, où l'essentiel de l'économie persistante dépend des mesures de traitement social des crises, les surfaces cultivées restent, elles, à quelques exceptions près (la Brenne, la Creuse et des territoires de moyenne montagne, par exemple), ce qu'elles étaient au début du XXe siècle. Certes, la surface moyenne des exploitations, de moins de dix hectares dans mon enfance, a décuplé ; elle atteint même des centaines d'hectares en ce qui concerne les grandes cultures céréalières et d'oléo-protéagineux, conséquence de l'industrialisation presque générale des pratiques agricoles ; le nombre des paysans a décliné de façon parallèle. Pourtant, là continuent de résider dans des régions profondément sinistrées les signes d'une activité persistante, voire les germes d'un renouveau possible, au moins ce qui évite un naufrage complet et définitif. Je garde en fait l'impression d'une paysannerie qui, du nord au sud, d'ouest en est du pays, résiste vaille que vaille et sait tirer profit de la diversité des situations et des sols : grandes cultures productives ici, focalisation sur la typicité et la qualité là, maraîchage et agriculture biologique ailleurs, utilisation de niches lorsqu'elles apparaissent seules disponibles. J'avoue avoir été un peu consolé de la succession ininterrompue des désastres observés dans les bassins jadis industriels des Ardennes, de Lorraine, de Champagne, de Bourgogne, de la Loire, de l'Aveyron… lorsque j'ai cheminé entre les prairies et sur des alpages où paissaient des bovins de races diverses, des agneaux du Quercy ou de Sisteron, où doraient les blés du Tonnerrois, fleurissaient les crocus à safran, mûrissaient le raisin des vignes et les fruits divers, etc.

Par ailleurs, la dynamique de nombre de zones postindustrielles et des territoires ruraux, touchés les uns et les autres par le déclin démographique, est opposée. La situation continue de s'aggraver dans la plupart des premières ; elle tend à se stabiliser, voire à s'améliorer, dans la plupart des seconds. En fait, il convient de distinguer les petites cités et gros bourgs des villages. Jadis, les communes, petites et grandes, se définissaient et se distinguaient par leurs « communs », les pâtures, les systèmes d'irrigation, etc. Cette pratique a hélas progressivement décliné dès le début du XIXe siècle. Que restait-il, dès lors, pour justifier le nom de « communes », qu'est-ce que leurs habitants conservaient en commun ? L'église, la mairie, l'école, divers services publics, le cabinet médical, les commerces et autres lieux d'usage collectif, conditions de la vivacité de la fonction d'agora du centre-bourg. Or, l'évolution démographique, le désengagement de l'État, la baisse des pratiques religieuses et la calamité que constitue l'implantation distante des grandes surfaces ont, pan par pan, balayé ce schéma. Une localité sans un centre où se rendent et interagissent les habitants a perdu ce qui constitue et justifie la commune. Dès lors, les petites villes à l'habitat concentré et resserré qui ont vu disparaître leurs magasins et où les quelques activités artisanales et manufacturières d'antan ont périclité, laissant parfois place à des friches industrielles, continuent pour la plupart à se dépeupler. Elles ne sont en effet guère attractives pour les personnes qui désirent en nombre croissant fuir les métropoles, et même les villes moyennes : elles en reproduisent l'habitat et les nuisances de type urbain sans les attraits des métropoles. En revanche, partout en France, les signes d'un renouveau rural sont patents et d'ailleurs confirmés par nombre de données démographiques. Il n'en reste pas moins que la notion de bourg doté de lieux où se croisent les habitants reste fondamentale pour instituer une commune. Il y a bien longtemps qu'ont disparu dans les plus petites d'entre elles les commerces, plus récemment les cafés où l'on se rencontrait pour des parties animées de belote, le jeu de fléchettes dans le Nord. Quand j'étais enfant déjà, les commerçants ambulants permettaient par leurs tournées d'approvisionner les villageois, qui ont par la suite, de plus en plus souvent, disposé de voitures personnelles pour se rendre en ville, aujourd'hui plutôt à sa périphérie où sont implantées les grandes et moyennes surfaces commerciales. Reste alors au centre-bourg, outre la mairie, l'église et l'école autour desquelles se blottissent plus ou moins quelques dizaines de maisons. En maintes régions, la majorité des habitants résident dans des fermes isolées et des « écarts », ou hameaux, dont les huis morvandiaux sont l'archétype. Ici, sans agora centrale, il n'y a plus qu'un habitat dispersé sans commune réelle. C'est dire le caractère essentiel du maintien de ce autour de quoi les familles peuvent se rassembler, ce à quoi elles peuvent participer. Pour ce faire, l'école a une fonction aujourd'hui plus universelle que l'église. J'ai, chemin faisant, eu à connaître plusieurs exemples où sa sauvegarde – la mobilisation nécessaire pour la garantir, puis pour offrir le meilleur aux écoliers – avait constitué l'élément déterminant du renouveau d'un village.

L'effet galvanisant du sentiment de fierté explique que tout ce qui y concourt contribue aussi au renouveau des territoires ruraux et au bien-être de ceux qui y vivent. De ce point de vue, le marcheur est impressionné par la diversité des initiatives locales qui témoignent de ce que les élus et leurs administrés ont pris conscience de l'importance de ce ressort ; les événements culturels, mémoriels, folkloriques fleurissent. L'écueil est ici une dévolution surtout touristique de ces initiatives que des habitants peuvent ne pas s'approprier, ne s'en jugeant pas destinataires. Leur mobilisation large permet en revanche de les faire communier à la fierté du succès partagé, de susciter leur curiosité et leur intérêt pour les domaines concernés dont ils pouvaient au départ se sentir éloignés. Le cas de la création des parcs naturels, régionaux ou nationaux, est ici très démonstratif. Leurs projets mobilisent toujours de nombreux opposants, chasseurs, agriculteurs, utilisateurs privatifs de cours d'eau, etc. Pourtant, après des années de fonctionnement, la majorité des habitants conviennent des retombées positives, parfois salvatrices, du parc. La fierté de ce que leur cadre de vie habituel devient à ce point prisé par tant de gens venus d'ailleurs contribue sans aucun doute à donner de la confiance et de l'énergie aux populations. Le facteur mobilisateur des entreprises collectives dont les habitants d'une bourgade ou d'un « pays » peuvent retirer de la fierté conduit à rejeter toute séparation radicale entre celles qui auraient des finalités festives, culturelles et celles aux finalités économiques. Les premières accroissent en effet beaucoup le succès potentiel des dernières. Quelle que soit l'origine d'un dynamisme, il se révèle payant sur le plan de l'activité et de la santé globales d'un territoire.

Au total, je conteste la vision d'un pays réduit à des centres urbains implantés dans un désert immobile. Ce désert n'en est pas un, et le monde rural témoigne d'une originalité et de ressorts, fourmille d'initiatives que les citadins stricts ne soupçonnent pas. Il offre à la nation un maillage essentiel qui, après s'être peu à peu distendu de la Première Guerre mondiale aux années 1970 à 1980, s'est stabilisé, et se renforce à nouveau depuis le début du XXIe siècle. À une paysannerie numériquement réduite mais performante, active et réactive, dont les membres témoignent de leur capacité à se remettre en question, à s'adapter aux modifications des goûts des consommateurs et à la diversité des terroirs, se sont ajoutés les néoruraux, non pas ceux qui possèdent une résidence secondaire mais ceux qui résident à plein temps au village et désirent bien souvent s'impliquer dans sa vie. Ce furent d'abord de jeunes retraités français ou issus d'autres pays d'Europe. Aujourd'hui – et c'est là un élément qui engendre un optimisme raisonnable –, ce sont de plus en plus des personnes actives désireuses de travailler au pays, qui y reviennent avant l'âge de la retraite, ou des néoruraux. Les uns se sont engagés dans les différentes formes d'agriculture biologique, élément essentiel de la résistance rurale de régions dont la poursuite du déclin était sinon inéluctable (Ardèche, partie est de la Drôme, Hautes-Alpes, Limousin, etc.). D'autres se sont lancés dans la brasserie artisanale, la planification traditionnelle, et différents types de transformations agroalimentaires de qualité, dans des productions diverses AOP et AOC. Enfin, l'outil informatique, à la condition d'une mise en œuvre réelle du plan national « haut débit », rend désormais possible l'implantation rurale de diverses activités de service ou de petites industries innovantes, dans un environnement prisé par un nombre croissant de nos concitoyens. Le chemineau arpenteur des chemins de France prend conscience de ce réel dynamisme rural qui transforme aujourd'hui maintes de nos campagnes en vrai creuset d'innovations écologiques et sociales.

Oser vouloir, le chemin d'un maire

Les deux ouvrages tirés de mes voyages de 2013 et 2014 ont été largement lus et m'ont valu d'être invité à les présenter dans la plupart des régions que j'ai visitées. Le dialogue avec les habitants m'a donné l'occasion de confronter mes intuitions avec leurs propres analyses, de connaître leur sentiment sur les leçons que j'ai tirées de leurs territoires, et ainsi de les enrichir. Ce fut presque toujours positif et chaleureux. Jamais je n'ai eu à modifier en profondeur mes impressions et conclusions initiales mais j'ai pu plusieurs fois les illustrer, comme à Lardier-et-Valença. En juillet 2014, le responsable pour les Hautes-Alpes du journal *Le Dauphiné libéré* monte m'interviewer alors que, quittant la Drôme, j'entre dans son département. Il me rejoint dans le gîte-refuge de Praboyer, seule habitation qui subsiste d'un ancien hameau perché à 1 000 mètres d'altitude dans l'ascension du col des Praux. L'entretien terminé, il me parle de son village de Lardier-et-Valença, au sud-ouest de Gap, et de la manifestation « À livres perchés » qui s'y déroule tous les ans la première semaine de septembre. Il me propose d'en être le parrain en 2015, rendez-vous est pris. Je basculerai à cette date dans ma soixante-douzième année mais à ma manière, c'est-à-dire en convoquant la marche à la fête – comment pourrait-elle être belle sans cela ? Les auteurs rejoignent les salons par différents moyens de transport, rarement sac au dos à travers la montagne, je décide d'innover. Ma compagne et moi quittons Freissinières et son Relais des Vaudois pour nous rendre en trois longues étapes à Lardier-et-Valença. Il nous faut pour cela franchir d'abord la haute barrière montagneuse qui nous sépare d'Orcières et de la vallée du Drac, non pas cette fois par le col de Freissinières mais beaucoup plus à l'est, par celui des Terres-Blanches qui culmine à 2721 mètres. On y accède par une longue marche d'approche, très raide dans sa partie moyenne. Le chemin quitte vers 1600 mètres celui de Dormillouse pour monter plein sud dans une étroite vallée escarpée et rejoindre le petit lac de Fangeas vers 2000 mètres. L'itinéraire se poursuit sans chemin tracé pour s'élever par de sèches pentes zigzaguant entre les barres rocheuses qui limitent la vallée à l'est. De là, les reflets bleu acier du lac de Fangeas percent l'ombre dans laquelle sont encore plongés plus bas les rochers et la forêt. Le village de Dormillouse est lui, au loin, en pleine lumière, dominé par la tête de Dormillouse à plus de 3100 mètres. Un peu plus haut, la vallée s'élargit, parcourue par de nombreux ruisselets qui dessinent sur un replat un réseau miroitant à la chanson douce, percé de petites bulles et parcouru de stries d'écume légère. Entre les mailles du filet d'eau, les hautes pelouses d'alpage sont merveilleusement fleuries. Au pied du col, dans un encorbellement de crêtes et de sommets de 3 000 mètres et plus, c'est là une illustration des prodigieux tableaux que la montagne offre à ses amoureux en récompense de leur courage. Encore un effort – d'ailleurs raisonnable car les dernières dizaines de mètres ne sont là pas trop rudes –, nous sommes au col. Loin des itinéraires habituels, séparé par de très longues vallées des localités les plus proches, l'endroit est étrange, totalement minéral. On l'imagine pouvoir se trouver sur une autre planète. Le nom des Terres-Blanches est lié à la présence ici d'une bulle de gypse amenée des fonds marins par le plissement alpin et qui prend, du fait de sa friabilité, des aspects singuliers : arches, cavités, fissures, etc. La très longue descente peut alors s'amorcer vers Prapic, déjà une vieille connaissance. Des deux côtés du col, l'abondance de l'eau entraîne aussi celle des marmottes, dont des dizaines nous entourent sans se soucier véritablement de nous, occupées à s'empiffrer sans relâche pour épaissir encore leur manteau de graisse qui les fait ressembler à des petits bouddhas satisfaits. C'est que l'hibernation va bientôt débuter, il n'y a pas un instant à perdre. Une tâche m'attend à Prapic : envoyer un message et des photographies sur notre périple aux écoliers de Lardier-et-Valença. Leurs maîtresses se sont en effet basées sur mes deux ouvrages de chemineau pour évoquer la géographie du pays, ils me suivent pas à pas durant ma traversée des Hautes-Alpes. J'ai répondu à leurs questions : « Comment va Princesse Mascotte (la mascotte en peluche des Jeux équestres mondiaux de 2014 en Normandie ; elle m'a accompagné, accrochée à mon sac, de la pointe du Raz à Menton) ? Vous êtes-vous fait mal ? Quels animaux avez-vous vus ? Avez-vous cherché et trouvé des œufs de dinosaures ? » Ils comptent utiliser mes réponses, des cartes et des photos pour faire de très beaux cahiers. J'adhère à leur projet et ne veux pas les décevoir.

Deux rudes mais belles journées encore pour parvenir au terme de cette marche, par Merlette, Ancelle et les « balcons du Gapençais », les paysages du Champsaur en toile de fond. J'arrive sac au dos à l'école du village, accompagné de Princesse Mascotte, très populaire chez les enfants. Les élèves enthousiastes sont réunis dans la cour, ils m'attendent de pied ferme pour me poser d'autres questions, me faire admirer leurs cahiers, câliner ma peluche et se faire photographier avec elle. L'école de Lardier-et-Valença est devenue l'épicentre emblématique du village. Il y a quelques années, ce dernier ne comptait plus qu'environ deux cent soixante habitants ; sept enfants fréquentaient l'école, dont la fermeture était décidée. Or, le bourg avec l'école, l'église et la mairie est très petit, dépourvu bien entendu de tout commerce. La plupart des résidents vivent dans de nombreux écarts (hameaux) de cette commune très étendue dont l'école, bien plus que l'église, est l'unique point de ralliement. Le maire de l'époque, Roger, un arboriculteur (la culture des poires est la grande spécialité de la haute vallée de la Durance), comprend le danger, la vie propre de sa commune est en jeu. Il grimpe sans hésiter dans son tracteur qu'il mène dans la cour de la préfecture, à Gap, décidé à y demeurer jusqu'à ce qu'il ait obtenu gain de cause. Il menace sinon de faire la grève administrative de l'organisation des scrutins. Il a raison d'oser vouloir se battre malgré tout, le rectorat finit par céder. Nonobstant un regroupement avec des établissements de communes voisines, l'école de Lardier-et-Valança accueille aujourd'hui quarante élèves pour une population qui a augmenté à trois cent trente âmes. Les nouveaux couples installés ont des enfants, et la persistance de l'école leur a permis d'aller au bout de leur projet de vivre au village, au plus près de la montagne. Parents et grands-parents se croisent en amenant les chères têtes blondes ou brunes en classe, en allant les chercher le soir. Une association s'est créée autour de l'aide aux projets scolaires, elle mobilise les proches des enfants et organise sorties culturelles et classes vertes. Cela contribue à redonner au centre-bourg sa fonction essentielle d'agora publique. Dans ce contexte de mobilisation, l'organisation il y a six ans de la manifestation « À livres perchés » rencontre aussitôt l'accord des habitants, qui appuient aussi la création d'une bibliothèque-médiathèque. Je planterai devant l'édifice qui l'abrite un jeune « arbre de la culture et de la connaissance ». La manifestation des 5 et 6 septembre 2015 met sur le pont une grande partie des habitants du village, qui donnent bénévolement plusieurs jours pleins de leur temps à la préparation et à l'animation de l'événement : une Fête de la terre le samedi 5 et le Salon littéraire le dimanche attirent des milliers de personnes venues de Gap et des environs. La bataille pour l'école de Lardier-et-Valança illustre superbement, en somme, ce que j'ai appris de l'évolution actuelle de la ruralité et du ressort que confèrent fierté et attachement des habitants à leurs territoires. Elle souligne aussi le rôle essentiel des équipes municipales, dans les villages aussi bien que dans les villes. Les difficultés liées à des évolutions économiques ou à des tarissements de ressources naturelles sont le plus souvent prévisibles longtemps avant les échéances redoutées. Partout dans le pays, j'ai vu des élus tenter d'y préparer leurs communes ou territoires, d'autres sembler les attendre pour se mobiliser. Même si rien n'est jamais aisé, la situation est évidemment bien meilleure dans le premier cas que dans le second. De même, nombreux, trop nombreux, sont les édiles jadis insouciants des conséquences de la dévitalisation des centres-bourgs et villes, qui l'ont accélérée même en promouvant ou facilitant l'implantation de larges centres commerciaux en périphérie. D'autres à l'inverse mettent tout en œuvre pour éviter une semblable dévitalisation et utilisent pour cela les leviers dont ils disposent : animation culturelle et festive, prise en compte des difficultés du commerce de centre-ville, etc.

Chemins d'âge

J'ai 71 ans le samedi 5 septembre 2015, la veille de la manifestation littéraire de Lardier-et-Valença. Rien de tel pour fêter cela qu'une belle balade solitaire et engagée. Parrain de la manifestation, je me dois un passage préalable à la Fête de la terre. Les habitants du village utilisant d'antiques machines agricoles mènent tous les travaux nécessaires à l'obtention du pain : labour, semis, moisson du blé semé en 2014, battage, mouture du froment et obtention de la farine, pétrissage le soir même. Mon devoir accompli, je me dirige sac au dos vers la montagne de Céüse, Grande Céüse et Céüsette pour y être avant la nuit. L'itinéraire est assez corsé, compliqué encore par quelques erreurs de parcours et hésitations qui me valent d'avoir à grimper comme une chèvre dans les barres schisteuses et marneuses à la roche pourrie. Je rejoins d'abord le sommet de la Céüsette à 1681 mètres (Lardier-et-Valença n'est qu'à 700 mètres). J'ai de là une vue magnifique sur la montagne de Lure de l'autre côté de la Durance, la falaise de la Céüse toute proche et le Champsaur au nord-est. Je fais ensuite le tour du massif par des cols et ravines parfois un peu compliqués, avant de rejoindre un bon sentier qui remonte à 1 600 mètres puis redescend sur le col des Guérins, au pied de la Grande Céüse. Le soleil est déjà bas lorsque je termine, comblé et un peu courbatu, ma crapahute. Mon appareil juge de paix – GPS – indique trente kilomètres et 1 600 mètres de dénivelé ascendant cumulé. Quel bel anniversaire ! Depuis mes traversées du pays, chaque randonnée nouvelle est savourée comme une victoire dans la perspective nostalgique qu'elles ne s'enchaîneront pas sans fin. Déjà, il m'a fallu accepter la notion du déclin. Cela est nouveau, pour moi. J'avais jusque-là évité de le vivre en abandonnant les unes après les autres les activités dans la pratique desquelles ce déclin s'amorçait. Sportif spécialiste du sprint et du saut en hauteur au lycée et à l'université, j'étais ensuite passé, comme cela est classique, au demi-fond, et enfin aux longues distances. Lorsque à 44 ans mes temps de référence sur vingt kilomètres et sur le marathon, après avoir plafonné longtemps, ont commencé à s'allonger, j'ai abandonné la course à pied et reporté le temps ainsi libéré sur l'équitation. Je déléguais en somme à mes montures la charge d'un effort physique où je me montrais moins performant. À elles de compenser désormais mes insuffisances. Je ne tenais pas à assister à cela. Et pourtant, je ne peux rester fidèle à cette stratégie en ce qui concerne la marche, je suis un homme qui marche ou je n'envisage pas d'être. Je dois par conséquent faire face au déclin. Sans avoir son talent mais avec un même désir de sincérité, je suis en somme, comme Rembrandt, disposé à dresser mon autoportrait de marcheur vieillissant. Outre ses nombreux mérites, la marche solitaire ou avec des personnes de son âge possède la vertu de protéger des comparaisons cruelles. Ainsi approché-je de mes 72 ans lorsque je décide en août 2016 de parcourir en forêt de Fontainebleau le très classique « circuit des vingt-cinq bosses », dans le massif des Trois Pignons. Il cumule un dénivelé respectable de 800 ou 900 mètres qui se décomposent, comme le nom du parcours l'indique, en l'ascension successive de vingt-cinq mamelons gréseux. Nous sommes assez satisfaits, ma compagne et moi, de boucler le tout en sept heures. Le lieu est cependant le seul site d'entraînement en région parisienne des « ultra-traileurs » spécialistes de la « diagonale du fou » de l'île de La Réunion et du trail du Mont-Blanc. Des groupes de jeunes sportifs, femmes et hommes en chaussures légères, font le tour en une heure trente, nous en verrons débouler certains à deux reprises ! Oh, ils sont charmants et nous saluent civilement en nous doublant, un sourire aimable et un peu apitoyé aux lèvres. « Courage, papy », pensent-ils sans doute.

J'ai insisté sur l'atmosphère propice au foisonnement d'une pensée libre créée par la marche, sur le dialogue intérieur entre soi et le « je » qui en est un autre, sur les émotions suscitées par la beauté, mais suis resté jusque-là pudique sur le corps, partenaire souvent bruyant du chemineau. Pourtant, le randonneur apprend très tôt qu'il doit composer avec lui. Au cours d'une longue marche, les raideurs matinales ne peuvent être évitées, un dérouillage s'impose. La moindre douleur d'une articulation éveille le spectre de la tendinite, un claquement dans les genoux celui d'une lésion méniscale ou cartilagineuse. Les endolorissements initiaux provoqués par les sangles du sac font partie de la routine. Chacun sait le calvaire enduré lorsqu'il faut continuer d'avancer malgré de cruelles ampoules aux pieds. Le corps est presque toujours un incorrigible bavard. Ses silences n'en sont que plus appréciés lorsque, après une dizaine de kilomètres, le marcheur est envahi d'un incroyable bien-être, qu'il sent sa carcasse fonctionner sans à-coups comme une machine bien huilée, prête à l'emmener peut-être jusqu'au bout de la Terre. Ces moments privilégiés ont tendance à disparaître avec l'âge. Comme une vieille guimbarde rouillée, le corps ne sait plus se taire, il grince, il claque, il alerte, il proteste, il brinquebale, il se bloque, il impose son omniprésence exubérante. Un récapitulatif approximatif m'indique que j'ai sans doute parcouru à pied cent mille kilomètres au cours de mon existence, couru un certain nombre de marathons et autres épreuves sur longue distance, je ne peux en vouloir à chacune de mes articulations tant sollicitées de manifester, de menacer de se mettre en grève, de réclamer une retraite qu'elle juge méritée. Je reste pourtant inflexible, incapable de leur donner satisfaction. Je ne puis en effet rester ce que je suis – un homme en chemin – sans leur concours. Cependant, il me faut m'y résoudre, mon corps est devenu un compagnon fort grincheux destiné à accompagner désormais toutes mes escapades de ses récriminations et de ses protestations. Il lui arrive même de me lâcher, le traître.

Corps à corps en chemin

En bref, arpenter les chemins implique depuis ma seconde marche diagonale de la pointe du Raz à Menton un combat honorable avec une carcasse plus ou moins récalcitrante. Mon état d'esprit en est certes modifié, mais la saveur de la marche n'en est pas supprimée, elle se corse de la satisfaction éprouvée de chaque victoire remportée. Lorsque le bouleversement émotionnel induit par la beauté, l'épreuve du sublime, impose le silence à mon bruyant compagnon, une sensation de triomphe s'y ajoute. Aussi, m'efforcé-je de me glisser à nouveau dans la peau du chemineau chaque fois que j'en saisis ou crée l'occasion. Je continue de marcher beaucoup, partout, de mener ces combats honorables, d'être de la seule manière que je sache être, en chemin. Parfois, mes randonnées s'apparentent à de véritables défis. Je les remporte, ou non. Profitant d'une invitation à un événement, je parcours ainsi en couple en février 2017 les trois grands cirques de l'île de La Réunion. Partie de l'ancienne petite station balnéaire de Hell-Bourg, dans le cirque de Salazie, la première étape nous conduit sous une pluie battante incessante jusqu'au refuge de la caverne Dufour, 1700 mètres plus haut au pied du piton des Neiges, point culminant de l'île et de tout l'océan Indien. La progression est épique, les chemins sont transformés en torrents tumultueux dans lesquels nous montons doucement, les chaussures totalement immergées, de l'eau jusqu'aux chevilles. Le brouillard est épais et la nuit tombe lorsque nous parvenons enfin à la caverne Dufour. Cela a été dur ; pourtant le corps n'a pas failli. Le refuge est le plus fréquenté de toute l'île puisqu'il sert de camp de base pour l'ascension avant le lever du jour du sommet du piton des Neiges. Cela fait des décennies que je ne m'étais trouvé dans un vrai refuge de haute montagne, aux six dortoirs bondés sur les quatre niveaux des lits superposés, aux deux sanitaires disponibles pour près de quatre-vingts personnes, sans douche ni vraie possibilité de toilette, sans chauffage. J'ai sans doute quarante ans de plus que le plus âgé des randonneurs présents ; me revient à l'esprit les deux nuits passées trente ans auparavant dans le refuge de la Renclusa, au pied du pic d'Aneto. Quoique trempé jusqu'aux os, obligé de me coucher revêtu d'habits humides, je me rappelle l'état dans lequel je me trouvais alors. Les choses progressent, après tout. La fatigue est telle que notre sommeil est néanmoins réparateur. Le lendemain, nous sommes récompensés de nos efforts et souffrances de la veille, le piton des Neiges se dresse en majesté dans un ciel sans nuages, sa roche volcanique gris foncé aux reflets plombés n'est décorée à la base du piton que de rares arbrisseaux vert anis ou sapin. La descente dans le cirque de Cilaos, les parois du Piton constamment en vue, est une fête délicieuse et gaie. Les coloris vifs des fleurs tropicales – arums blanc rosé, longoses jaunâtres, fuschias, heliconias et épines-du-christ de différents types de rouges, lianes bleues et pervenches – viennent vite égayer le chemin creusé dans la lave de l'ancien volcan. La petite cité de Cilaos prend, vue d'en haut, des allures de village grec. L'euphorie me gagne, l'âge n'est rien tant que la marche offre tant de joies. Le troisième jour, c'est une autre affaire. Le cirque de Cilaos communique avec celui de Mafate par le col de Taïbit, ses mille mètres d'ascension sont presque entièrement aménagés de marches en bois. Seule la luxuriante splendeur de la longue vallée vers Saint-Louis et la côte est retient d'abord mon attention. Dès le début de l'ascension, je sens mes muscles durs et sensibles, j'en néglige l'alerte et fais confiance au traditionnel « dérouillage » du début de l'effort pour permettre à la machine de tourner rond à nouveau. L'îlet des Salazes, maintenant inhabité mais où de petits ânes paissent sur des terrasses ombragées et fleuries, est d'ailleurs l'occasion d'une pause bienvenue, tout s'arrange. Je m'amuse des trois Salazes, curieux tétons sur la crête noirâtre qui réunit le col au Grand Morne, je me sens mieux. Pas pour longtemps ; dès les premiers lacets, les premières marches au-dessus de l'îlet, les symptômes de départ reviennent, ils s'aggravent et s'accompagnent vite de nausées et d'une sensation d'épuisement profond. Ce n'est pas possible, je n'y arriverai pas ! Ma compagne s'inquiète, elle aussi. Il me faut souffler toutes les cinq minutes, m'asseoir, m'étendre, jamais je n'ai connu pareille défaillance, pire même que celle, fort explicable, de la Maladeta. Saigné à blanc, il m'avait alors fallu rentrer en France, franchir le col vers Hospice-de-France. Rien n'indique pourtant que j'ai cette fois perdu du sang. Je n'ai hélas que gagné des ans. Serrant les dents, à force de volonté, me traînant lamentablement, je finis par me hisser jusqu'au col. Le cirque de Mafate est à nos pieds. La descente sur l'îlet de Marla me réanime, la beauté du site me guérit. C'est à nouveau en pleine possession de mes moyens que je visite jusqu'au soir ce plateau bucolique à souhait dont la paix sereine contraste avec la masse sombre et inquiétante du Grand Morne qui le domine. J'avais sans doute tort de m'alarmer, je suis parfaitement en jambes et en souffle pour terminer la randonnée en deux jours. Ce sera le fabuleux plateau de Kerval isolé des chemins au pied de la muraille volcanique, l'îlet de la Nouvelle, la forêt de Tamarin et le col de la Fourche, Bélier et enfin le retour à Hell-Bourg. J'ai l'impression d'être un vieux cabri mais un cabri quand même, avalant les côtes, sautant de rocher en rocher pour passer les torrents en crue, dévalant les pentes. Avoir 72 ans ? Et alors, tant que je marche…

Je suis animé d'un semblable optimisme lorsque je viens participer pour la seconde fois, au début de juillet 2017, à la Fête du pain de ma chère vallée de Freissinières. Cette fête a été créée comme un moment de rassemblement entre les catholiques et les réformés de la vallée. Cette dernière, refuge des vaudois à partir des XIVe et XVe siècles, a été le siège d'atrocités contre cette communauté, comme dans tout l'Oisans, notamment à Vallouise. Au-dessus de

Freissinières, la grotte des Vaudois fut le théâtre d'un affreux massacre. Cependant, la position très privilégiée de Dormillouse, en fond de vallée au-dessus d'un verrou glaciaire et à 1750 mètres d'altitude, permit à la communauté des fidèles de Pierre Valdès (ou Valdo) le Lyonnais d'échapper longtemps aux sergents du roi. Ils embrassèrent après 1532 la religion réformée et reçurent l'aide religieuse des calvinistes genevois, mais les persécutions se poursuivirent presque jusqu'à la Révolution. Une communauté un peu syncrétique calvino-vaudoise persista à Dormillouse jusqu'après la Première Guerre mondiale, certaines familles restant même jusqu'en 1945. Elle eut un important rayonnement spirituel et organisationnel après l'arrivée en 1823 du pasteur Félix Neff, de Genève, qui créa là une école et une « école normale protestante » formant des enseignants pour toute la région. La différenciation entre les deux communautés chrétiennes, d'importance à peu près équivalente, persiste aujourd'hui, si bien que la Fête du pain se veut un rassemblement fraternel entre elles. Un dimanche de juillet, un office œcuménique est concélébré par des dignitaires catholiques et protestants. À son terme, les fidèles des deux religions s'échangent du pain pétri et cuit la veille, ils s'embrassent. Un grand banquet les réunit alors. L'après-midi est consacré à diverses animations festives et culturelles, le cas échéant des présentations littéraires auxquelles j'ai participé. J'aime cette fête chaleureuse. Je profite aussi de cette occasion pour faire de belles courses en montagne, mes pas dans ceux des vaudois pourchassés d'antan. Ils trouvaient souvent refuge lorsque approchaient les troupes du roi ou de l'évêque dans des cabanes de pierres sèches disséminées dans l'alpage, au pied des parois. J'imagine que les croyants sincères terrés là voyaient dans la beauté de la montagne, la splendeur des fleurs, des motifs supplémentaires de louer le Très-Haut. Quoique ne faisant pas l'hypothèse de Dieu, je me sens en communion avec leur foi et leur émerveillement du monde, solidaire de leurs malheurs. Ne doutant de rien, j'ai cette année mis à mon programme trois promenades belles mais exigeantes, toutes d'un dénivelé supérieur à 1400 mètres et d'une longueur de treize à plus de vingt-cinq kilomètres. Ce sont là pour moi des parcours presque familiers. Le tour de la tête de Gaulent par le col de Val-Haute m'offre de splendides vues sur la vallée de la Durance et le Queyras à l'est, la barre des Écrins et le Pelvoux bien dégagés au nord. Les derniers mètres de montée sont pénibles, je me le rappelais, il n'y a là rien d'inquiétant. Je puis caresser un jour encore l'illusion de mon insensibilité essentielle au temps qui passe, de ma quasi-invulnérabilité. Il s'agit en effet d'une illusion qui se dissipe dès le lendemain. J'ai décidé d'enchaîner cette fois la visite des trois lacs qui dominent Dormillouse vers l'est, Palluel, Faravel et Fangeas. Cette fois, la dure réalité se précise, je peine plus que j'aie jamais peiné auparavant, il me faut déployer toute mon énergie, faire appel à ma volonté, mobiliser mon courage, jeter mes dernières forces dans l'action pour achever ma course. Je termine fort émoussé. Reste le troisième jour à honorer un rendez-vous avec une vieille connaissance, un site familier où j'ai maints souvenirs : le col de Freissinières, à 2782 mètres tout au bout de la vallée. Pendant des siècles, il a été emprunté par des vaudois puis des réformés, des « barbes » puis des pasteurs gagnant ou quittant leurs communautés de Freissinières et Dormillouse par Orcières, la vallée du Drac et Gap. Montant à Dormillouse, je n'y pense pas du tout. Chaque mètre gagné me coûte, mon corps souffre, la nausée me reprend. Je me rends compte que je n'y arriverai jamais. Jusqu'alors, l'injonction paternelle m'avait toujours permis, sinon de déplacer des montagnes, au moins de les franchir : « Tu es sans doute, Axel, le plus capable de faire durement les choses nécessaires. » Il serait nécessaire que je retrouve tous les fantômes que j'ai laissés au col de Freissinières puisque je l'ai décidé. C'est cependant trop rude, je ne pourrai pas, cette fois. Pardon, père ! Les haltes ne m'apportent plus aucun réconfort, je suis à 2300 mètres d'altitude, près de la cabane de Chichin, obligé de m'arrêter, si loin encore du sommet. Je me sens dévasté sur le plan physique mais aussi sur le plan psychologique. Renoncer ! Renoncer ! Quel mot ! Il est pour moi tout nouveau dans ce contexte, je n'ai encore jamais eu à l'utiliser en chemin sous la contrainte du corps. Un univers s'écroule là, je m'assois dans l'herbe près d'un torrent, adossé à un gros rocher. Ma carcasse me trahit, je pense à Don Diègue : « Ô rage ! Ô désespoir ! Ô vieillesse ennemie ! / N'ai-je donc tant vécu que pour cette infamie ? [...] Mon bras, qu'avec respect toute l'Espagne admire [...] / Trahit donc ma querelle, et ne fait rien pour moi ? » Je suis plus malheureux encore que le héros de Corneille, je n'ai moi personne pour me venger de cet affront, j'en porterai les stigmates jusqu'à la fin.

Mes yeux sont grands ouverts mais n'observent rien d'abord de ce qui m'entoure. Ils ne contemplent qu'un champ de ruines, celui d'un corps pour la première fois défaillant. Et puis, par petites touches, le monde extérieur m'impose sa présence. Les torrents chantent dans la prairie d'alpage, les oiseaux les accompagnent. Des cascades grondent en s'élançant des hautes parois de la vallée, je deviens plus attentif. Je suis assis près d'une touffe d'élégantes gentianes bleues, je devine des bouquets de lys de la Saint-Jean immaculés dans la pente vers l'aval, des renoncules et des asters des Alpes. Vers le col que je n'atteindrai pas, les massifs de rhododendrons sont en fleur. Je ne m'en étais pas rendu compte, mais il y a, à portée de ma main, des framboisiers sauvages, j'en saisis un fruit charnu et rose, c'est tout ce que je peux avaler. Je me prends à sourire de sa saveur délicate, elle est hostie d'une nature à laquelle je communie, le pire est passé.

Hymne et compromis

Je suis humain, de tout temps j'ai su qu'il me faudrait bien mourir. La perspective ne m'en a jamais semblé attrayante ; le suicide de Jean, mon père, ne me l'a pas rendue désirable. Médecin, je vois la mort comme une compagne familière, elle ne m'effraie pas. J'aime passionnément la vie, elle est comme une pièce de théâtre admirable que la marche a contribué à illuminer. J'ai grandi, appris, vibré, aimé, pleuré sur les chemins. Pourtant, tout spectacle qui traîne en longueur risque de devenir ennuyeux, il en est de même de la vie. Cela dit, je ne l'ai encore jamais considérée comme ennuyeuse et n'ai aucune hâte de la quitter. J'ai trouvé beaux tous les âges de la vie que j'ai traversés car j'ai su ne pas leur demander la même chose qu'à ceux révolus, puiser des ressorts propres de joie et de bonheur dans chaque nouvel épisode. J'ai eu cette sagesse, j'ai vécu comme on tourne les pages d'un livre, que l'on parcourt d'un chapitre à l'autre. Jamais je n'ai déploré d'en avoir terminé la lecture, toujours je me suis passionné pour les suivants. La seule exception à cette règle, je l'ai dit, est la marche. Je n'arrive pas à m'imaginer vivre sans cheminer, une existence qui ne comporterait aucun sentier à parcourir ne conserverait pour moi aucun attrait. Pour être lucide, c'est en tout cas mon état d'esprit actuel. Après une phase d'abattement et de découragement, dans la haute vallée de Freissinières, les contours de la suite de l'ouvrage à vivre se sont précisés, ils s'étaient déjà dessinés en juillet 2014 sur le sommet du Grammondo, au-dessus de Menton. Mon corps de septuagénaire n'est pas un ennemi qu'il me faut combattre coûte que coûte, un obstacle à surmonter, il est un partenaire, il l'a toujours été. Convenons d'une nouvelle alliance entre lui et moi, fondée désormais plus sur la coopération que sur la confrontation. C'est juré, j'accepterai désormais de négocier, nous tenterons de prendre nos décisions de concert. Il est vrai que jusque-là, les deux diagonales à travers la France exceptées, les chemins ne m'ont paru pleinement respectables que s'ils se confondaient avec des sentiers de chèvres. La montagne occupe la place de choix au centre de ma mémoire et de mes passions. Pourtant, que la forêt est belle en toute saison. J'ai entrepris le tour de la Bretagne par son sentier des douaniers, le GR 34, il m'apporte d'immenses joies. Je garde un souvenir vibrant et ébloui de la lande battue par les vents et de la dentelle de pierres assaillie par les lames de la mer d'Iroise du rivage de l'île d'Ouessant. Je viens dans ma soixante-quatorzième année d'y passer quatre jours et d'y parcourir pas loin de cent kilomètres. C'est-à-dire d'en visiter tous les recoins, de suivre au plus près tous les replis d'un littoral follement découpé, comme déchiqueté. Et d'en rapporter des impressions que je livre en témoignage des réserves d'enthousiasme qu'il me reste.

Tout au bout là-bas, au-delà même, imaginez. Une île de granit battue par les vents et les tempêtes, hérissée de récifs acérés, presque sans arbres, seulement la mer, l'écume, la roche et la lande. Ouessant. Un confetti de métropole à la proue du navire, rectangle allongé d'ouest en est et dont les deux petits côtés sont échancrés en deux baies, celle de Lampaul au ponant, du Stiff au levant. Et pourtant, des femmes et des hommes y habitent depuis dix mille ans, solides comme des rocs. Battus comme eux par les tempêtes, léchés par les embruns, caressés par le pur et éphémère soleil du Ponant, ils y survivent contre vents et marées. Les naufrages qui se sont multipliés dès les débuts de la navigation ont apporté aux Ouessantins et aux Ouessantines une partie de ce qui leur manquait si cruellement, des outils, du bois pour les constructions, du vin, de l'huile, etc. Hier de l'orge, aujourd'hui des pommes de terre et quelques autres légumes y poussent, des moutons en prairies encloses et des chèvres en liberté sur la lande côtière y paissent. Jadis, leurs crottes et de la tourbe séchée constituaient l'essentiel du combustible. Sinon, tout est minéral, ici, cristallin, granitique : les vieux villages où quelques maisons s'élèvent à l'intérieur d'enclos de pierres sèches, les quelques ruines récentes que les tempêtes n'ont pas encore dispersées, des murets dans la lande, la côte aux contours chaotiques, partout le granit est roi. Ses teintes se déploient sur une palette étonnante, du blanc immaculé du feldspath et de ses reflets par les cristaux de quartz, les grains et les traînées plus sombres des micas et autres minéraux, la couverture par les lichens ocre ou brique, leurs traces desséchées blanchâtres, les algues et les berniques agrippées. Sur le littoral, les vents et les vagues ont comme déployé un incroyable génie de sculpteur : ici un pénitent à la tête baissée sous sa capuche, là un blessé soutenu, ailleurs un grand oiseau qui prend son envol. Quel talent, la nature déchaînée ! Hérisson de roches acérées, l'île est prompte à déchirer ceux qui ne savent prendre les formes. Il faut la cajoler avant qu'elle ne se laisse pénétrer, sinon gare. « Qui voit Ouessant voit son sang », avertit le proverbe de marins. Mais à ses amoureux véritables, quel accueil ! Jadis, les Ouessantins s'empressaient de tirer bonne fortune de tous les navires dont la fortune de mer avait été dramatique. Mais ils sauvaient aussi les naufragés et les accueillaient avec bonté. Peu de chose a changé, en fait. Naufragés de la vie, chemineaux vieillissants mais ardents, Ouessant la rude nous attend.

L'optimisme est revenu, l'avenir, même bref, m'appartient, ses promesses sont grandes, je les considérerai seules et non leurs limites. Les grands plateaux de Millevaches, d'Auvergne et d'Occitanie ne sont guère exigeants, ils recèlent des trésors. J'ai encore tant de côtes à explorer, de forêts dans lesquelles m'enfoncer, de sentes à parcourir, de collines et de dunes à gravir. Là aussi bien qu'en plaine, la floraison des sols stimule toujours avec la même efficacité celle du cœur. Nous arpenterons ces campagnes et ces terrains toujours avec la même passion, nous en ressentirons des émotions vives, certaines encore inconnues. Le veux-tu bien, mon corps ? Et puis parfois, nous nous laisserons encore aller à l'audace, le cœur palpitant de l'incertitude de nos projets un peu fous. Si nous devons renoncer, nous l'aurons tenté et en serons fiers. Tu verras, il y a encore tant de choses à faire, à vivre. En marchant.

Paris, le 1er juin 2018

Table

Du même auteur

Société et révolution biologique : pour une éthique de la responsabilité, Inra Éditions, 1996

La Médecine du XXIe siècle : des gènes et des hommes (avec Dominique Rousset), Bayard, 1996

Copies conformes, le clonage en question (avec Fabrice Papillon) [NiL, 1998], Pocket, 1999

Et l'homme dans tout ça ? Plaidoyer pour un humanisme moderne [NiL, 2000], Pocket 2004

L'avenir n'est pas écrit (avec Albert Jacquard, en collaboration avec Fabrice Papillon) [Bayard, 2001], Pocket, 2004

Raisonnable et humain ? [NiL, 2004], Pocket, 2006

Bioéthique et liberté (avec Dominique Lecourt), PUF, 2004

Doit-on légaliser l'euthanasie ? (avec André Comte-Sponville et Marie de Hennezel), Éditions de l'Atelier, 2004

Le Secret de la salamandre : la médecine en quête d'immortalité (avec Fabrice Papillon) [NiL, 2005], Pocket, 2007

Comme deux frères : mémoire et visions croisées (avec Jean-François Kahn) [Stock, 2006], Points Seuil, 2007

L'Homme, ce roseau pensant… Essai sur les racines de la nature humaine [NiL, 2007], Pocket, 2007

Vivre toujours plus ? (avec Roger-Pol Droit), Bayard, 2008

L'Homme, le Bien, le Mal (avec Christian Godin) [Stock, 2008], Hachette Littératures, 2009

L'Ultime Liberté ?, Plon, 2009

Un type bien ne fait pas ça : morale éthique et itinéraire personnel, NiL, 2010

Faut-il légaliser l'euthanasie ? (avec Luc Ferry), Odile Jacob, 2010

Controverses université, science et progrès (avec Valérie Pécresse), NiL, 2011

Une histoire de la médecine ou le souffle d'Hippocrate (avec Jean-Claude Ameisen, Patrick Berche, Yvan Brohard), La Martinière, 2011

Une histoire de la pharmacie : remèdes, onguents et poisons (préface et postface), La Martinière, 2012

Les Âges de la vie. Mythes, art, science (avec Yvan Brohard), La Martinière, 2012

Un chercheur en campagne, Stock, 2012

L'Homme, le Libéralisme et le Bien commun, Stock, 2013

Les gènes, ce qu'on ne sait pas encore… À qui je ressemble ? (avec Anna Alter), Le Pommier, 2014

Pensées en chemin : *ma France des Ardennes au Pays basque* [Stock, 2014], Le Livre de Poche, 2015

Entre deux mers : voyage au bout de soi [Stock, 2015], Le Livre de Poche, 2016

Être humain, pleinement [Stock, 2016], Le Livre de Poche, 2017

Jean, un homme hors du temps [Stock, 2017], Le Livre de Poche, 2019

PAPIER À BASE DE FIBRES CERTIFIÉES

Le Livre de Poche s'engage pour l'environnement en réduisant l'empreinte carbone de ses livres. Celle de cet exemplaire est de :
200 g éq. CO_2
Rendez-vous sur www.livredepoche-durable.fr

Composition réalisée par PCA

Achevé d'imprimer en France par
CPI BRODARD & TAUPIN (72200 La Flèche)
en août 2020
N° d'impression : 3038514
Dépôt légal 1re publication : septembre 2020
LIBRAIRIE GÉNÉRALE FRANÇAISE
21, rue du Montparnasse – 75298 Paris Cedex 06

21/8825/9